岩上 力［著］

京の儀式作法書

改訂版

その心としきたり

光村推古書院

刊行によせて

森谷尅久

人類は多くの文化を創りあげてきたが、なかでも、儀礼の創造はその最大なるものの一つである。

もっとも、この儀礼の始源的行動は、防御行動として、動物全体にみられるもので、なにも高等動物である人類のみの専有ではない。しかし、人類は人と人、人と集団、集団と集団、人と自然との間にあって、限りなく儀礼を創造し、それを拡延し、蓄積してきたのである。これをわれわれは儀礼文化と呼ぶが、われわれが人間であり、安定と安穏をひたすら希求する限り、この文化は変容しつつも、伝統をふまえて、さらにいっそう新しいものを創りあげることになる。

戦後の一時期のことであるが、虚礼廃止とか、因習打破、生活刷新などという言葉が叫ばれたことがあった。かなり激しい反儀礼的な運動であったが、皮肉なことに、その運動じしんが新しい儀礼を創りあげていたのである。ことに、冠婚葬祭という人間の一生においてなんども直面しなければならないところでは、反儀礼的傾向が強まったが、生活水準の向上とともに、混乱の時期を乗り越えてしまうと、しだいに安定し、逆にいっそう儀礼に注目されるようになってきた。儀礼文化の人間社会における価値が、素直に認められるようになったともいえる。いや、むしろ現在では、学界においても、積極的に儀礼の意味論的研究が進んでいるといって差し支えないのである。

ところで、本書の著者である岩上力氏は、京都にあって、儀礼文化の研究会を主宰され、熱心に研究を続けてこられた人である。もちろん、儀礼文化の研究といっても、岩上氏は大上段にふりかざしてその歴史や理論を述べるのではなく、多くの人々が冠婚葬祭に直面してはじめてわかる、とまどいや不安感を解消するために、やさしく包容しながら解説され、講述されてきた。本書は、まさしくその講述の結晶ともいうべきもので、珠玉の作品である。

今回、新たに光村推古書院より本書を上梓されるにあたって、著者は一章を加筆されている。これまでは、全五章よりなる構成で、すでになんどかの増刷において、部分的な増補改訂を重ねておられるが、本書では全六章として、第四章に「祭」を加えられた。京都は大都市でありながら、とりわけ祭礼行事が多い。おそらく日本一であろう。これにくわしく言及され、新頁を飾られることになった意義は大きい。

本書には、実に心憎いまでの気配りがある。著者の豊かな人間性を窺うに十分であるが、同時に、儀礼についての初歩的な知識を身につけたい人々にとっては、願ってもない福音の書である。京都とその周辺は、他地方とちがって、冠婚葬祭の儀礼はまことに多い。儀礼の宝庫、渕源だといってもよい。その儀礼を見事にこなしてしまうのが、社会構成員——市民の資格であるといえるが、本書は、そこに導くための知識の源泉であり、バイブルなのである。

（武庫川女子大学生活美学研究所長）

＊目 次＊

まえがき

本書をお開きいただきましたことを、まずは厚く御礼申し上げます。

本書のルーツともいうべき拙著『儀式作法入門』が書店に並びましたのは昭和六十一年三月のことでした。その少し以前から東京地方をベースにした冠婚葬祭のマニュアル本が書店の書棚を賑わし、大変な勢いで他府県の作法やしきたりが京都に入り込み、京都の人々も今までおこなってきた作法に自信を失い、何が京都の正しい作法なのかが分からなくなりつつある時期でした。

そんな折、京都府主催の儀式作法教室開講の話があり、昭和五十七年五月から、その教室の講師をつとめさせていただきました。そこでお話しした事柄を一冊の本にまとめたのが初版の『儀式作法入門』です。

その後、版を重ねるごとに加筆し、平成八年には『京の儀式作法入門』と改題いたしましたが、この間、予想をはるかに越える多くの人々にお目通しいただき、心あたたまる激励のお言葉とともに数多くのご質問も承りました。そんな皆様方のご質問やご要望に少しでもお答えするべく、良き方法を考えておりましたところ光村推古書院からのおすすめで、その機会を得ることが出来ました。

このたびは『京の儀式作法書』と名づけ、入門書よりさらに詳細に、そして基本的な挨拶例や京の暮らしの年中行事につきましても簡単にまとめました。年中行事は先様への気配りをベースにした作法やしきたりではないのですが、京都の儀式作法を編み出してきた京都人の感性を必ずや垣間見ていただけると自負しております。

本書が皆様方の暮らしの中で活かされることを念じてやみません。

岩上　力

装幀　加藤恒彦
レイアウト　稲本雅俊
校閲　河合篤子

〈第一章〉

儀

儀式作法、その心としきたり

のし・水引・紙折の約束事

儀式作法
その心としきたり

作法のなりたち
「のし」「水引」
紙折と和紙

「儀式作法」と言えば、古いもの、大仰《おおぎょう》なもの、めんどうなもの、堅苦しいものだという固定観念をおもちの方も大勢いらっしゃるでしょう。また一時期、儀式作法という言葉自体に一種の拒否反応を示す方もおられましたが、昨今、儀式作法の奥深さと言いましょうか、その意義深さが再認識されるようになりました。その言葉の適確な意味はさておき、言葉だけはデパートの広告物やさまざまな書籍にも使用されるようになり、人々の暮らしの中に自然にとけ込んだように思われます。ただ残念ながら、表面上の形だけにこだわることが「儀式作法」だ、という誤解が生じているのもまた事実です。

儀式作法とは決して形だけを整えることではなく、歴史を通して現代まで伝わってきたその本当の意義と心を充分に理解し、それを現代生活に活用することが最も大切です。

では〝儀式〟とは一体、現代においてはどのように捉えればよいのでしょう。それは32頁の「儀式作法を考えるキーワード」にも表記しましたように、儀式とは目的達成のために存在するもので、たとえば、結納という儀式は婿方と嫁方との交わり、すなわち人と人を結び、家と家をつなぐために行われるものです。

〝作法〟とは儀式を行う方法、と理解してください。

また〝しきたり〟は人々が暮らしやすいように編み出されたもので、交通信号と考えていただければわかりやすいと思います。青は進め、赤は止まれというルールであり、お互いが事故を起こさないための約束ごと、それが〝しきたり〟というものです。

作法のなりたち

それでは〝作法〟とか〝しきたり〟というものは、どのようにして生まれてきたかを少々説明します。

私たちは人様にお会いした時、頭を下げてお辞儀をします。なぜ私たちは、お辞儀というものをするのでしょうか？「そんなの、昔から……」と言われると、それはただ表面上の形だけになってしまいます。お辞儀にも深い意味と、意義があります。

お辞儀をするということは、視線をはずして最も大切な頭を相手の前に差し出し、「私は、あなたに対して敵意がありません」ということを表現しているのです。握手も同様で、武器をにぎる右の手を武器をにぎらず相手の前に差し出すということは、「敵意がない」という表現です。これを現代的に言えば〝先様《さきさま》に対する気配り〟と理解できるでしょう。

また、他家を訪問した時に、自分のはきものをそろえて、舟出の形、すなわち、外向きにして並べておくことは、皆様よくご存じの通りです。では、なぜそのようにするのでしょうか。

それは、敵に襲われた時に、いつでも逃げられるようにと考え出されたものです。また、畳のへりを踏んではいけない、とする作法は、畳と畳のすき間の床下から刀や槍などが飛び出して足をつかれないようにするためです。つまり自分の身を守るためであり、当時の人々の心得事として始まりました。これも儀式作法が発生した要因のひとつなのです。これを現代的に解釈すれば、〃自分が恥をかかないという自分に対する気配り〃でもあります。

また、もうひとつ、人様に金品を差し上げる時に、先様に失礼にならず、無礼だと判断されないために、数多くの取り決めがなされました。〃儀式作法は心なり〃という美しい言葉がありますが、自らの心を相手（先様）に伝えるためには、その心を形として表現しなければなりません。

外向きに並べられたはきもの

心を形に表し、その表したものが先様に対して失礼、無礼にならないようにとの気配りを基に、儀式作法が発生し、発達してきたのです。

昨今、一部に「虚礼廃止だ」という声を承《うけたまわ》りますが、虚礼はあくまでも虚礼（うわべだけの礼、虚の礼）です。「真の礼」まで廃止されては困ります。儀式作法（礼法）を「虚礼」にするのもしないのも、その人の心であると言えるでしょう。

また、略式とか簡素化とかいう言葉もありますが、略式とは本式を略した形で、決して間違ったことではありません。どこまで略すれば先様に対して失礼になるかを充分、心得ることが大切です。一方、簡素化するということは、儀式作法のすべてを「無駄だ」と定義づけることです。その意義や、人としての優《やさ》しい心まで簡素化されては、人と人とのふれ合いなど生まれるわけがありません。そのことをまず、心にしっかりと刻み込んで、本書を読んでいただきたいと思います。

一見無駄に見えるものを無駄にしないのが、私たちの英知であり、心の豊かさの証《あか》しなのです。

激しく移り変わる現代社会にあって、ともすれば忘れてしまいそうな人々の真心の美しさと優しさを見つめ直し、人と人との結びつきをより一層豊かにするために、儀式作法としきたりを理解していただき、その本当の意味を、ともにのちの世代に伝えていきたいと思います。


ここからは、さまざまな儀式作法やしきたりについて話をすすめますが、まず最初に現代儀式作法の原点ともいうべき「金封」について、説明します。

金封というものが、いつ頃、考案され市販されるようになったか、確かなことはわかりませんが、金封を形成している〝のし〟や〝水引〟のルーツは、はるか飛鳥時代までさかのぼることが出来ます。それはのちほど説明しますが、「結婚祝」をはじめとして「出産祝」や「新築祝」など、また、「御佛前」などをお贈りする折、決してお金を裸のままで差し出す方はいらっしゃらないと思います。それは、お金を裸のままで差し出すことは、先様に無礼になるということをご存じだから、どなたもそんな形にはされないのです。そこで、そのお金を何かに包まなければいけないということで、ひとつのパッケージを古《いにしえ》の賢人が考案されました。それが日常的に使用している金封（お金包み）で、お金を包む封筒、と理解してください。〝御祝儀袋〟という言い方は正しくはありません。関東地方ではお祝のことを〝御祝儀〟と言いますが、京都のみならず関西地方では〝御祝儀〟と言えば、お祝事のある当事者の方が心付けとしてお包みになるものを言うため、誤解のないように心得てください。

現在、この金封にはたいへん多くの種類が市販されていますが、儀式にかなったものを選び、使用することが肝要です。詳しいことは、それぞれ順を追って説明します。

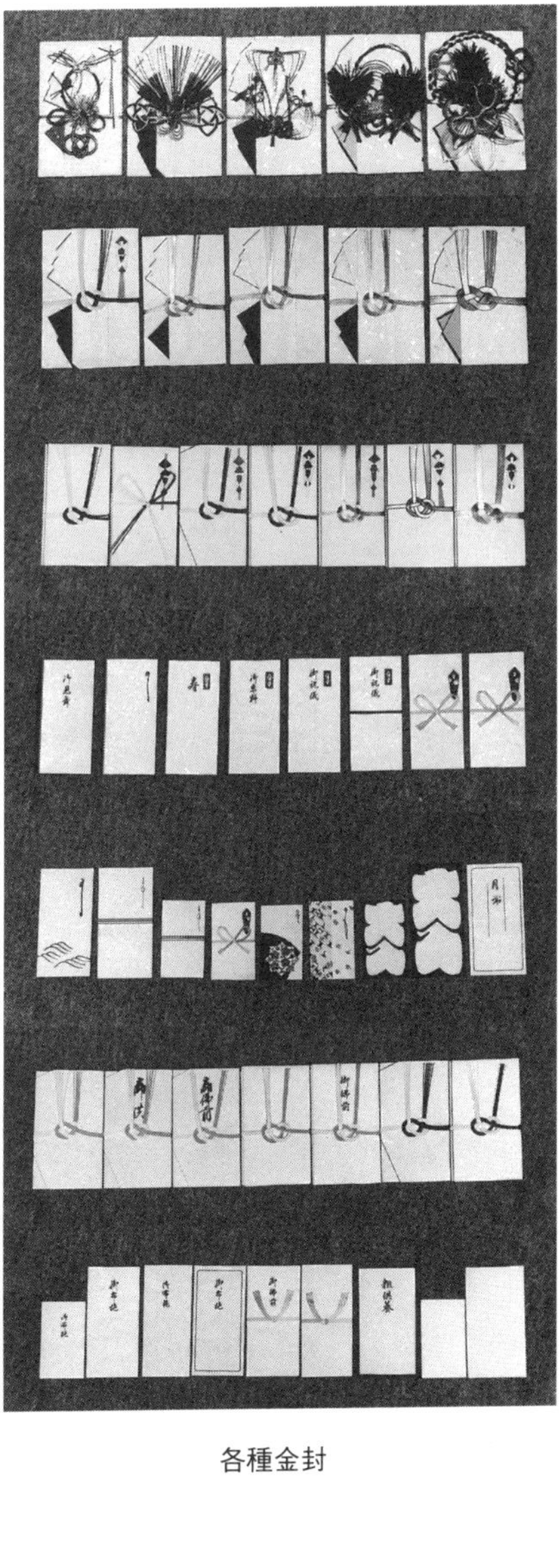

各種金封

のしとは

金封（お金包み）の右肩に「上が広く下が狭い長六角形のもの」が添えられていますが、これが〝のし〟というもので〝熨斗〟と書き表します。日常的にどなたでも目にするものですが、この熨斗、一体何のために添えるのか、ご存じでしょうか？

今、長六角形のものを熨斗と言いましたが、正確には、中央に包みこまれた黄色いものが熨斗そのもので、現代のものはすべてゼラチンやビニールなどで作られた模造品です。本物は、伊勢神宮などで見ることが出来ます。

この熨斗の正体、それは〝貝のあわび〟です。あわび貝を細長く剥《は》いで天日で乾かし丸い竹筒や木材などで叩いて打ちのばしたものを〝のしあわび〟と言い、これが正式名称です。

熨斗という文字の〝熨〟は火で温めて延ばすことであり〝斗〟は、「ひしゃく」という意味で、アイロンが出現するまで火熨斗という道具で衣類や和紙の皺《しわ》をのばしていたことは、高齢の方ならご存じかもしれません。それはともかく、貝のあわびにはどのような意味があるかをお話ししましょう。

　あわび貝は古代から神へのお供え物として使用されていましたが、室町時代中期頃より儀式ごとには欠かせない一品として珍重され、戦国時代には、武士の出陣や凱旋《がいせん》の折には、必ず〝のしあわび〟が添えられていたと伝えられています。「長くのばす」「打ちのばす」といった言葉から「相手を打ちのばして生きながらえるもの」として武士にも好まれ、商人には「商売を伸ばす」と喜ばれました。また言葉の縁起かつぎだけではなく、実際にあわび貝は食すれば精をまして延命に通ずる食物であり〝長生不死の妙薬〟であると文献にも記されています。

　余談ですが、和歌山県の有名な那智の滝の滝壺に、京都山科の元慶寺《がんぎょう》（花山寺）で出家された花山法皇（六十五代天皇）が平安時代、あわび貝を沈められたという伝説があり、

今でも、この水を飲めば延命長寿が得られると言い伝えられ、根強く人々の信仰を集めています。

また平安時代から明治初年まで、伊勢から神宮のお札に熨斗を添えて武運長久、無病息災、延命長寿を祈りながら、年末にお札配りをされる御師《おんし》という方がいらっしゃいました。この伊勢の御師、参詣者の案内や宿泊も業とし、盛んな時代には七百軒以上あったとも言われています。

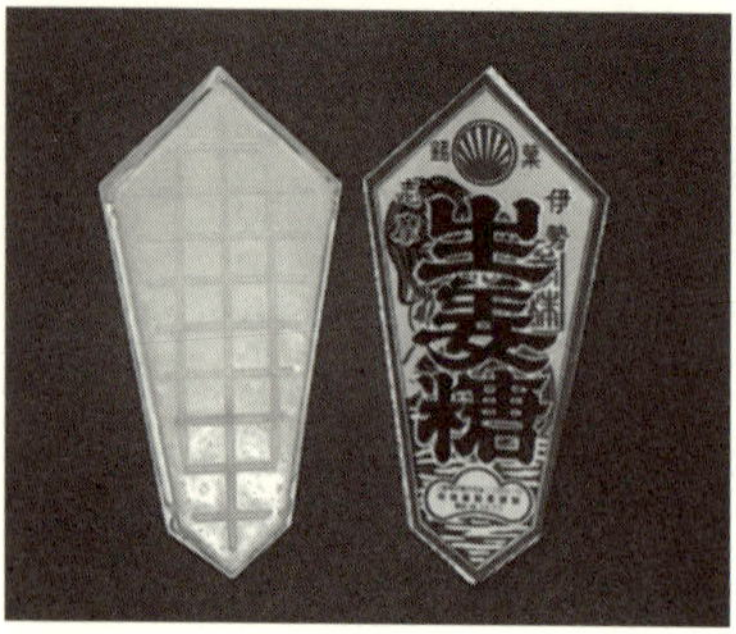

伊勢みやげ生姜板

伊勢みやげの代表ともいえる生姜板《しょうがいた》の形が熨斗の形なのは、めでたき熨斗を待ち望んだ人々の心から生まれたのです。

熨斗は、長生不死の妙薬として登場し、それがやがて三方《さんぼう》にのせて見せるだけとなり、さらに扇形をした紙折の中に小さな干しあわびを差し入れる形となり、そしてさらに今日では、その熨斗あわびも模造品で代用するようになりました。このように、熨斗の形も時代とともにずいぶんと変化してきましたが、現代でも、先様の健康と長寿を願い祈る儀式事には、欠かせないものとして用いられています。また、熨斗は「真新しく新鮮で清らかな品である」と表現するために添えられるのです。

ただし、熨斗が、先様の健康長寿を祈り願うとはいっても、説明しましたように本来、あわび貝の肉を延ばしたものであり、生臭ですので、佛事作法には決して用いることはありません。

水引とは

金封（お金包み）の横中央に結ばれているものを〃水引〃と言います。この水引のことを熨斗とおっしゃる方がありますが、それは、まったくの誤解ですので、念のために書き添えておきます。

さて、この水引ですが、和紙に、よりをかけて作られた〃こより〃がそのルーツで、七夕飾りの短冊を笹に吊す時に、どなたも一度は手にされたことがあると思い

伝統的な水引製造風景

ます。むかしは連歌紙を綴るものとして用いられていました。そのこよりをさらに強くするために水糊《みずのり》を引いて丈夫にしたものが作られるようになりました。それが元結《もとゆい》という品で、一般には〃もっとい〃と呼ばれています。

元結は今も舞妓さんの日本髪を結うために、また、力士の髪にも、時代劇の髷《まげ》にも必ず用いられています。この元結がいつしか色のついた水引へと変化していくのですが、一説によれば、元結を口にくわえて髪を結う折に、女性の口紅が元結に染まったところから水引が生まれた、とも言い伝えられています。また一説には、推古天皇の時代（飛鳥時代）には中国（隋）との貿易品に赤白の紐《ひも》が結ばれていました。それがいつしか大切な品には赤白の布や紐が結びつけられるようになり、元結も赤白に染め分けられるようになった、とも言われています。いずれにしても、こんなところから水引が出現したのです。

水引の語源については先に説明しましたように、水糊を引いたところから水引と名づけられたとも、神佛にお供え物をする時に水を引いて（まいて）その場所を清めたところから、大切な品を清める意味で水引という言葉が使われるようになった、とも言われています。

それはともかく、水引で結ぶということは大切な金品を清める意味があり、結んだところにその人の魂、心が宿っているとともに、相手の手にその金品がわたるまではだれも開けてはいけない、という封緘《ふうかん》の役目もあるのです。

水引は長い歴史の中に埋没することなく、現代においてもさまざまな色のものが数多く生産されています。しかし残念ながら、〝紅白〟という上品な水引が京都でも市販されなくなり、暮らしの中からすっかり消えてしまいました。水引の原点ともいうべき紅白の水引が今、再生されれば、形ばかりが先行する現代作法に歯止めがかかり、心の作法が蘇《よみがえ》るように思われます。

ここからは水引の種類について説明します。

紅白 古くは「うく」とも呼ばれ、最も格の高い水引です。多くの人々は、この〝紅白〟の水引を〝赤白〟の水引と混同されていますが、本来〝紅白〟と〝赤白〟とはまったく別のものです。この紅白の水引は、一見、深緑色とも黒色とも見え、玉虫色に光り、たいへん美しく上品なものです。戦前までは、結納や結婚祝の時などの婚礼儀式には必ずと言っていいほど、この紅白の水引が用いられていましたが、残念ながら、現在では皇室関係のみに用いられ、一般には市販されていません。特にご覧になりたいと思われる方は、筆者までご一報ください。

金銀 男性と女性を表現したこの水引が現在では最も格が高く、主に結納や結婚祝の時などの婚礼儀式に使用します。また結婚記念日のお祝いにも使用します。金を向かって右、銀を左にくるようにして結びます。

赤　白　赤い色は人間の血液（魂・心）を、白い色は清浄性を表現したもので、出産祝や新築祝、それにお見舞など、日常的な進物に使用します。右に赤、左に白で結びます。

金　赤　金も赤も陽なる色で赤白と同格のものですが、この水引も最近は見かけることが少なくなりました。京都では、お正月のしめ縄飾りなど、吉慶の神事に使用するのが正式で、金を右に赤を左にして結びますが、地方により、金を左、赤を右にして結ぶところもあります。

黄　白　黄色は土（黄土）を表現したもので、佛事に使用します。京都では、葬儀、年忌、法事に関係なく、佛事にはこの黄白の水引を用います。詳しいことは、「佛事に関する儀式作法」の項（238頁より）をご覧ください。右に黄、左を白にして使用します。

黒　白　黒と白は碁石《ごいし》の色でもあるように、勝負事など究極を表現したもので全国的に佛事（特に葬儀時）に使用されますが、厳しすぎるこの水引は京都では使用しません。これも詳しいことは、「佛事に関する儀式作法」の項で説明します。

銀一色　銀は女性を表現した色で、黄白と同じように用いますが、特に花嫁がご先祖様に線香などの品をお供えする折に使用します。また、キリスト教の葬儀時に用いることもあります。

白一色　白は色の基であり清浄さを表現したものです。神式の葬儀時にふさわしい水引で、一般に双白と呼ばれています。

青　白　これも佛事用ですが、現在ではほとんど使用されていません。

結び方

水引結びの基本は、図Ⅰで表示した結び方で、これを〝真結び〟と言います。

また図Ⅱの〝淡路結び〟（あわび結びとも相生結びとも葵結びとも言います）というものがあり、真結びと同様、結び目が解けない、いわゆる「結び切り」と一般に呼び習わされています。また結び目が解ける蝶結び（図Ⅲ）というものがあります。

関東地方では、何度繰り返してもよいものには、この蝶結びを使用し、二度と繰り

図Ⅰ　真結び

図Ⅱ　淡路結び

図Ⅲ　蝶結び

返してはいけないものは結び切りを使用します。しかし京都をはじめ、広く関西地方では真結びや淡路結びが本式で蝶結びは略式といった意味合いが強く、何度繰り返してもよい出産祝や新築祝なども淡路結び（結び切り）を使用します。蝶結びは、のし紙以外はほとんど用いないのが、関西地方の作法なのです。

また、水引の本数には特に決まったものはなく、品物の大きさや形状とのバランスに留意し、五本（五筋）・七本（七筋）・十本（十筋）の水引を選んで使用します。

水引の陰と陽　水引には、陰と陽とがあり、金銀の水引を例にとって説明しますと、金が〝陽〟で、明るくたくましい男性を表し、銀が〝陰〟で、優しく奥床《おくゆか》しい女性を表現しています。この金と銀を結ぶということは、男女の睦《むつ》まじい姿を祈り願う意味があるとも言われています。

紙折と和紙

古くは、ただ〃紙〃といえば日本でつくられた手漉紙《てすきがみ》のことでしたが、明治期に外国から木材パルプを原料とした、機械漉きの、いわゆる〃洋紙〃が入ってくるようになってから、それらのものと区別するために〃和紙（わし・わがみ）〃という言葉が使われるようになりました。

ひと口に和紙と言いましてもさまざまな種類のものがあり、その製法も心をこめて一枚一枚漉きあげる手漉き和紙と、機械による機械漉きのものがあります。機械漉きのものは手漉きのもつ風合いにはとても及びませんが、原料は手漉き同様、楮《こうぞ》・雁皮《がんぴ》・三椏《みつまた》などを使用し、洋紙とはまったく異なるものです。

それはさておき、紙が中国よりわが国に伝わったのは、推古天皇の十八年、西暦六一〇年であったと言われています。そしてその後、奈良時代には写経用の上質のものが作られ、平安時代には料紙用のものが生産され、武家社会になると一段と紙の活用が盛んとなり、実用的な紙が作られるようになりました。このように、紙は時代とともに発達し、人々の暮らしに欠かすことができないものとなったのです。

そして、それは同時に、目録や書状等の書式と物を包むしきたり、すなわち〝紙折の礼法〟の考案発達でもありました。

紙折の礼法で最も大切なことは、その折方に〝陽〟と〝陰〟があり、陽は祝事及び日常事に、陰は弔い事に使用する折方で、これを誤ると先様に対して大変失礼になりますので充分留意してください。

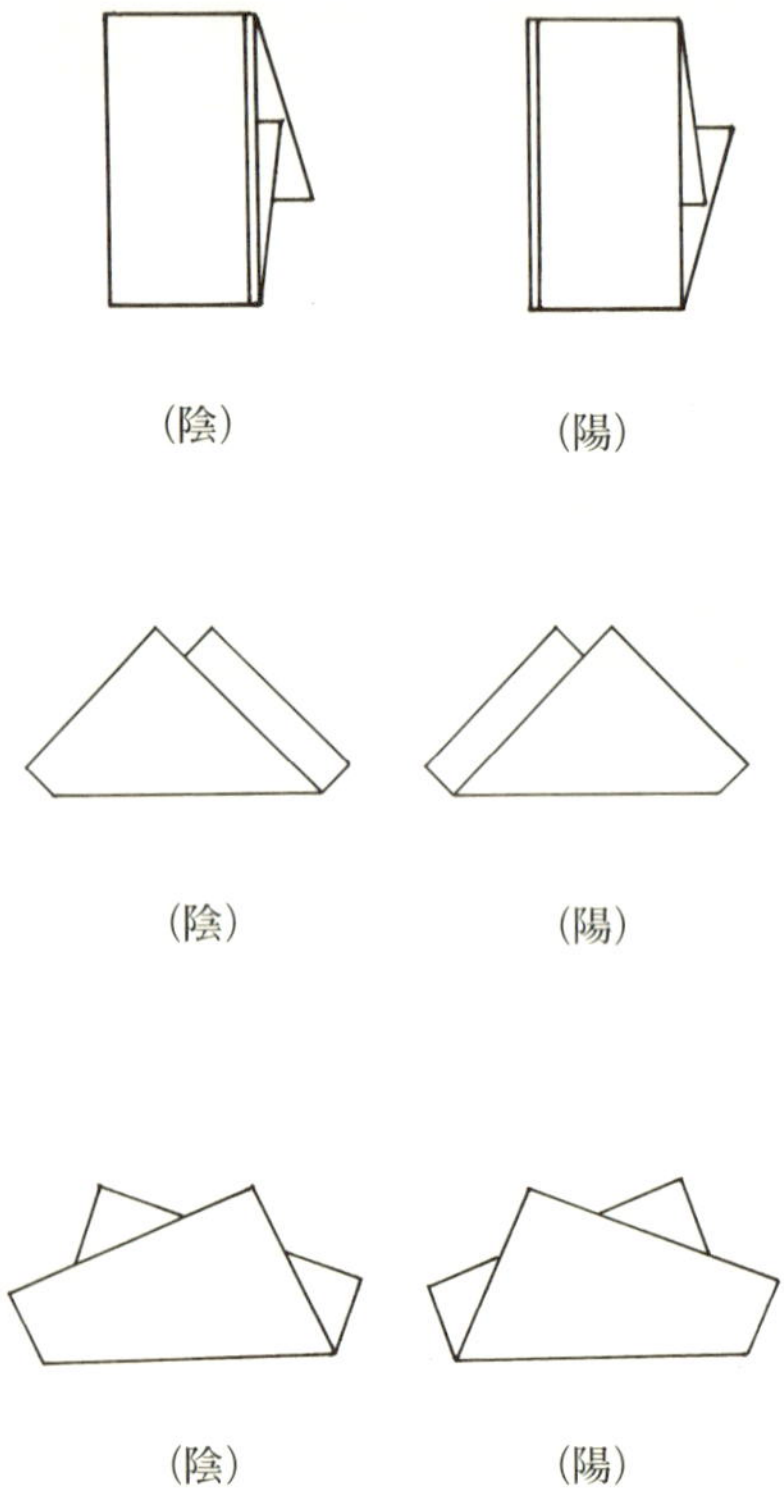

図Ⅳ　紙折の作法

図Ⅳで示しました通り、向かって右が上に来る折方、また上下が重なる場合は上が開いた形が陽で、逆に向かって左が上に来たり上が閉じた形が陰の折方ということになります。

この紙折の基本作法が、のちほど説明します〝風呂敷〟や〝小袱紗《ぶくさ》（台付袱紗）〟の包みの作法へと発展していくのです。

また和紙には縦目と横目というものがあります。和紙を明かりに透かしてご覧いただければ、等間隔に何本もの細い縦線があることがわかると思います。これを縦目といい、これを真横にして使用することは書画などをのぞき、作法上は考えられません。と言いますのは、和紙は洋紙のようにB４の大きさの紙を半分にカットしてB５をつくるのではなく、最初からそれぞれの大きさの紙を製造するからなのです。ただし紙シデ（余剰部分）の関係で紙を斜めにして使用する場合もありますので念のために書き添えておきます。

紙は〝上〟に、また〝神〟にも通ずるものであり、あらゆるものを紙で包み込むことで、そのものを清浄にするという意味があります。

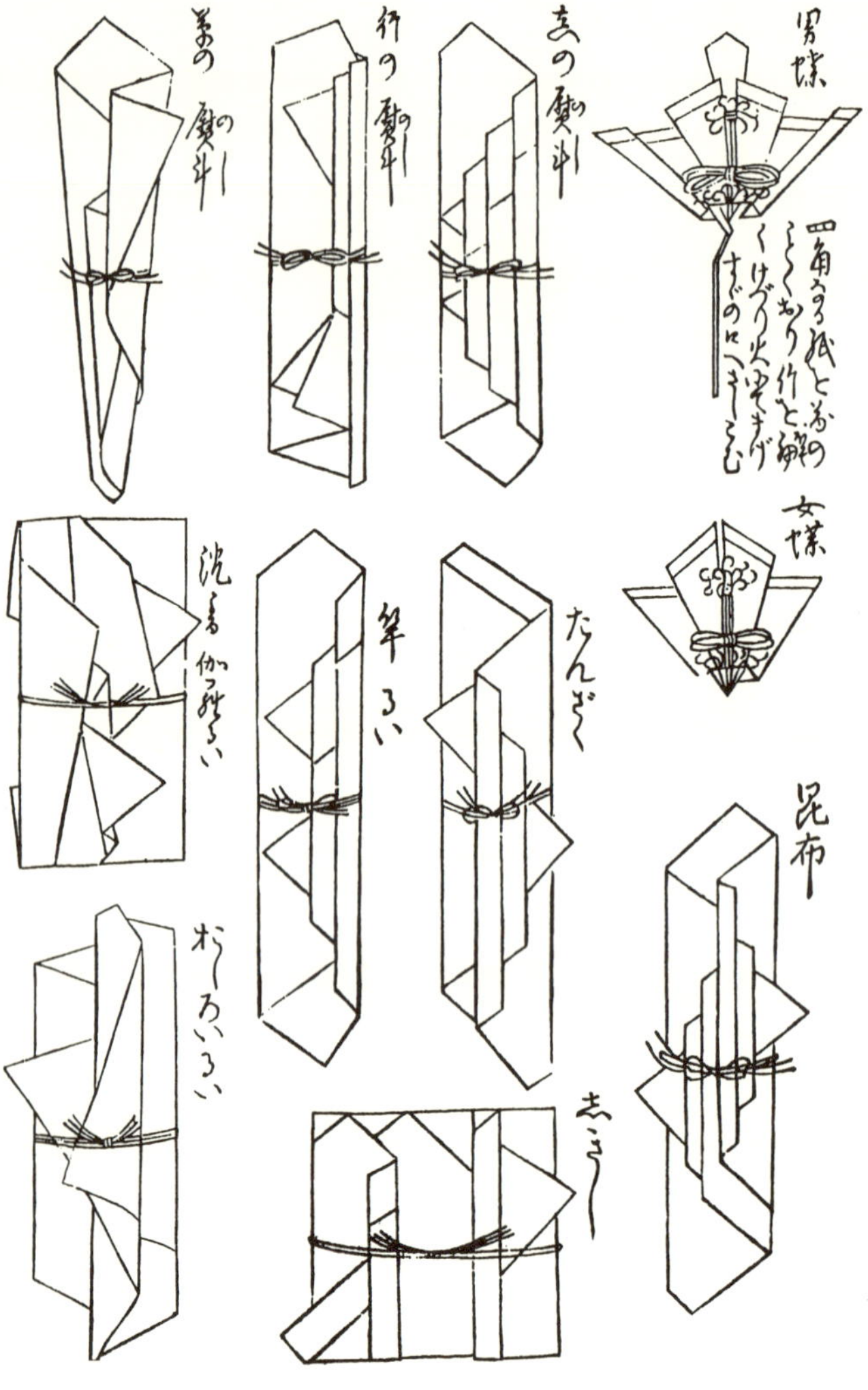

紙折の図

現在、儀式事に使用される代表的な和紙には、次のようなものがありますので、簡単に紹介します。

檀　紙　楮《こうぞ》を原料にして漉かれた厚手で縮緬《ちりめん》のような〝しぼ〟という皺が横に走ったもので、大きさにより大高檀紙《だんし》・中高檀紙・小高檀紙と呼ばれ、高級感のある紙です。この檀紙に金銀紙を散りばめたいわゆる金振紙《きんぶりし》と言われるものがあり、現代の結納品の紙折にはこの紙が最も多く用いられています。

奉書紙　これも楮紙のひとつで、「奉《たてまつ》り書き認《したた》めた紙」という意で〝奉書紙《ほうしょし》〟と呼ばれ、越前奉書が最上のものと言われています。高級な目録用紙などに使用します。

杉原紙　楮を原料とした紙で古くは〝椙原紙《すぎはらし》〟とも書き、主として文書用に使用され、奉書紙に似ているところから、この杉原紙を奉書紙と混同される方も多くいらっしゃいますが、やはり質感がずいぶん異なります。大きさにより大杉（原）・中杉（原）・小杉（原）とがあり、儀式事に最もよく使用される紙です。

鳥の子紙　雁皮を原料として作られたもので、鶏卵の殻の色（淡い黄色）に紙の色が似ているところから名づけられたと言われています。非常になめらかで「紙の王様」と称讃され、儀式事では上物の結納品の紙折に使用されることもあります。

美濃紙　本来は美濃地方（岐阜県）で製造される紙すべての総称であり、また半紙より大判で「美濃判」という大きさを表すこともありますが、一般に美濃紙と言えば、その用途は最上の障子紙に、また儀式事には〝ため紙〟（「結納」の項〈90頁〉を参照）に使用されます。もちろん、これも楮紙です。

半　紙　語源は大杉を半分に切ったところから半端紙となり、いつしか半紙と呼ばれるようになったと言われています。最も実用的な紙で、書道用紙として、またお菓子などを包む紙として用いられ、儀式事には結婚祝時などの〝ため紙〟（「結婚祝」の項〈150頁より〉を参照）として使用します。

小菊紙　〝懐紙《かいし》〟とも呼ばれ、茶の湯に、またお菓子の敷紙（掻敷《かいしき》）として用いられるものです。近年この小菊紙を利用した〝ため紙〟も形のよいものが市販されています。

和紙は強く優しく美しく、心のぬくもりを感じられるものばかりです。用途を充分に考慮し、選んでいただくことをおすすめします。

〈第二章〉

冠・贈

冠婚葬祭贈礼法について

冠婚葬祭 贈礼法について

通過儀礼
贈（中元・歳暮）
お見舞・お餞別

私たち日本人は古くから出産・お見舞・成人・建築・結婚・旅立ち・火事・水害・葬儀・年忌の十種の儀礼をお付き合いの基として、人と人とのふれ合いを大切にしてきました。

歴史的には、大変悲しいことですが、規約違反などにより疎遠になった人に対しても、葬儀と火災の時だけは周囲の者がお互いに助け合うのが、暗黙の了解となっていました。

この暮らしの中から生まれた十種の儀礼はいつしか〝冠婚葬祭〟という言葉で表現されるようになり、現代では一般に広くこの言葉が使用されています。しかし、多様化する現代作法は〝冠婚葬祭〟という言葉だけでは充分に表現出来ず、より的確に説明するために、本書では〝贈〟と〝礼〟と〝法〟を付け加え、七つの儀礼に分けて説明します。

〝冠〟はそのむかし元服式（現代の成人式）の時に初めて冠《かんむり》をつけたことに由来し、現代では帯の祝からはじまる人生の通過儀礼、すなわち、帯祝《おびいわい》、出産、食初《たぞ》め、初節句、七五三、十三まいり、入学、卒業、成人式、就職、厄除《やくよ》け、長寿祝などを指します。

〝婚〟は、文字通り婚礼儀式です。結納、荷出し、結婚祝、挙式などを指し、現代、儀式作法の頂点に立つものです。

〝葬〟は、通夜、葬儀、告別式などを指します。

〝祭〟は、地鎮祭、上棟、新築祝などと正月、節句（供）などの年中行事を指します。

〝贈〟は、中元、歳暮、餞別、それにお見舞をこの項に含めます。

〝礼〟は、美しい立ち居振る舞いと上座下座の考え方などを指します。

〝法〟は、年忌や盆など葬儀以外の佛事作法をこの項に含めます。
ここからは、これら冠婚葬祭贈礼法の儀式作法を順次説明しますが、その前に儀式作法を考えるキーワードを左に記しましたのでお目通しください。

儀式作法を考えるキーワード

歴　史
時代の変遷

民　俗
人々の暮らしぶり、生活

習　慣
個人的な約束事

慣　習
一定地域の約束事

習　俗
約束事（ならわし）と暮らしぶり

風　俗
その時代の暮らしぶり、生活

風　習
時代の約束事（ならわし）

しきたり
古くから伝わって来た約束事

儀　式
目的達成のための行為

礼　儀
人として敬い慎む行為

作　法
①美しい立ち居振る舞い（形）
②先様への気配りを基として事を行う方法（心）

儀式作法
“しきたり”を内在したものでなければいけない

帯の祝

帯の祝は、平安時代に皇室において行われたのが始まりだと伝えられています。妊娠五か月目の最初の戌《いぬ》の日に、妊婦の腹部に岩田帯（結肌帯《ゆいはだおび》・斎肌帯《いはだおび》ともいう）を巻く儀式です。十二支の戌の日がよいとされるのは、一説によれば犬はお産が軽いからで、それにあやかり無事安産であるよう願って、この日が選ばれているのです。また、戌の日以外では「難を去《さ》る」といって猿の日に行うこともあります。

岩田帯は妊婦の実家から贈るのがしきたりで、むかしは紅白の絹帯各一筋と、さらし木綿一筋に酒や肴《さかな》を添え、それを目録に認《したた》め贈りました。むかしは、定められた着帯《ちゃくたい》の式作法がありましたが、現代では神社や専門店、また祇園祭の宵山などでこの岩田帯を求めて、産院で着帯する方が多くなりました。

岩田帯の水引包装

妊婦の実家から贈る場合は、岩田帯を奉書紙《ほうしょし》や檀紙《だんし》と赤顔料紙（赤く着色された紙）とを重ね合わせて赤白の水引をかけ、のしを付けます。ただしあまり大仰《おおぎょう》にせず、ひかえめに事を運びます。広蓋《ひろぶた》や袱紗《ふくさ》なども特に必要ありません。上書きは〝祝の帯〟、〝祝帯〟、〝岩田帯〟などと書きます。また、ごく親しい間柄の人がお金でお祝いをする場合には、赤白の水引でのし付きのお金包みに〝ご着帯　御祝〟と書きます。

御祝をいただかれた家では、金子《きんす》なら一割の「うつり」を入れて返礼すればよく、特にお返しの品は必要ありません。

帯の祝の披露は最近少なくなりましたが、親類やご近所に〝帯掛け内祝〟として、赤飯を重箱や折箱にかるく（少量）入れて贈る風習が京都にあります。赤飯をかるく（少量）入れて贈るのは、「かるく出産出来るように」という願いがこめられています。赤飯に添える南天の葉は難を転じるという意味で用いられます。

この赤飯にかけるのし紙には〝内祝〟と書き認めます。内祝とは内輪（自家）の祝事というのが本来の意味です。現代ではお祝いのお返しが内祝だと思っておられる方も多く、それも誤りとは言いませんが、内祝の作法というものは、祝事を告知するためのものなのです。

帯の祝は単に妊娠を祝うだけのものではなく、妊婦と生まれ出ずる赤ちゃんを守る大切な儀式です。

◆『帯の祝』で赤飯をお届けする時の挨拶例◆

贈側　日頃は何かとお世話になり　誠に有難うございます
本日の戌の日に○○が帯の祝をいたしましたので　ご報告に参上いたしました
型通りでございますが　お口よごしに　お召し上がりいただければ幸いでございます

受側　それは誠におめでとうございます

有難く頂戴いたします
○○様には　くれぐれも　お大事に過ごされ　無事に　ご出産されることを　お祈りいたします

出産祝

出産祝を贈る場合は、赤白の水引のかかった、のし付きのものを使用します。表書きは〝ご安産 御祝〟と書くよりも、出産されたことへのお祝いというのが本義ですので、〝ご出産 御祝〟と書くことをおすすめします。

ただ昨今、市販されているものは、ほとんど御出産の「御」という文字が漢字で書かれており、間違いとは言いませんが、これは平仮名で書くのが正しい作法です。

と言いますのは、葉書でも便箋でも「一枚の紙の中に同じ文字を書いて、異なる読み方をしてはいけない」という約束事があります。「御」という文字で「おん」と読ませたり、「ご」や「お」と読ませたりしてはいけないのです。表書きは中央に〃御祝〃と書き、その右肩に〃ご出産〃と書くのが正式です。

また、〃出産御祝〃は四文字で嫌われる方もいらっしゃいます。また、〃出産祝〃というのは三文字ですが丁寧さに欠けますし、〃祝出産〃は目上から目下に、という意味が強く、おすすめ出来ません。

お名前は御祝と書かれた真下にまっすぐ書くことが肝要で、基本的には姓名ともに書くほうが丁寧な作法だと心得てください。ただし、例外として苗字だけでよい作法もあります。

出産祝セット

京都にはお宮詣り時に使用する〃宮詣りの扇〃（友白《ともしら》髪《が》・紐銭《ひもせん》ともいう）というものがあります。むかしは、この扇を宮詣りの当日に贈りましたが、現代では出産のお祝いとともに贈られることをおすすめします。

また、この宮詣りの扇に添えるお金も、以前は「ご縁があるように」と五円を半紙に包みましたが、最近では五十円や五百円を包み贈ることが多く、地方によっては三百六十五日、一年間の健康を願い祈って三百六十五円を贈ることもあります。いずれにしても〃五〃の数字が大事です。最近千円を包まれる方を見受けますが、本来の意味から外れますのでおすすめ出来ません。

　そのお金を入れた半紙には「友白髪」と記し、下には贈主の家に小さいお子様（小学校入学ぐらいまで）がいらっしゃれば、このお子様の名前を書きます。これには、〃当方の子供とお生まれになった赤ちゃんとが、お互い、ともに白髪のはえるまで長生きし、お友だちでいましょうね〃と願う意味があります。もちろん、お子様のいらっしゃらないご家族は、贈主の姓をお書きください。

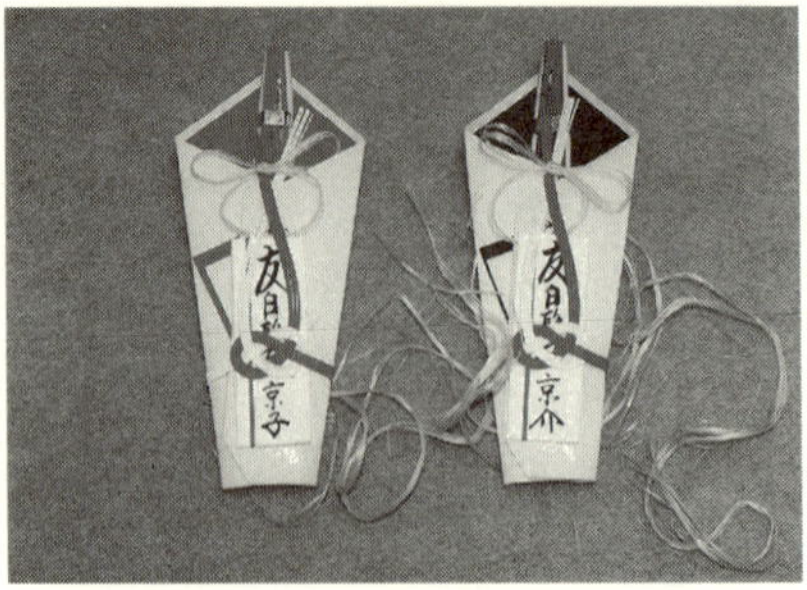
宮詣りの扇

　この宮詣りの扇には、青い色（松葉色）をした男の子用と、赤い色をした女の子用があり、この色分けは、先様《さきさま》のお生まれになった赤ちゃんの性別を知らずにお祝いする、という不作法なことを防止するために発生した約束事です。水引の色は金銀のものが多く出まわっていますが、これは間違った作法で、男女とも赤白の水引のものが正式です。

お祝いをいただいた側は、お祝金の一割を（友白髪の一割は必要ありません）赤白の水引のかかったため紙（結婚祝時に使用する夫婦紙とは異なります）に入れ、贈主にお渡しください。品物でいただいた場合は、およその見当をつけて入れます。これを〝おため〟〝うつり〟と言います。このしきたりは、京都近辺独特のもので〝縁が移る〟〝今後共ご交際が深まっていきますように〟という意味があるのです。

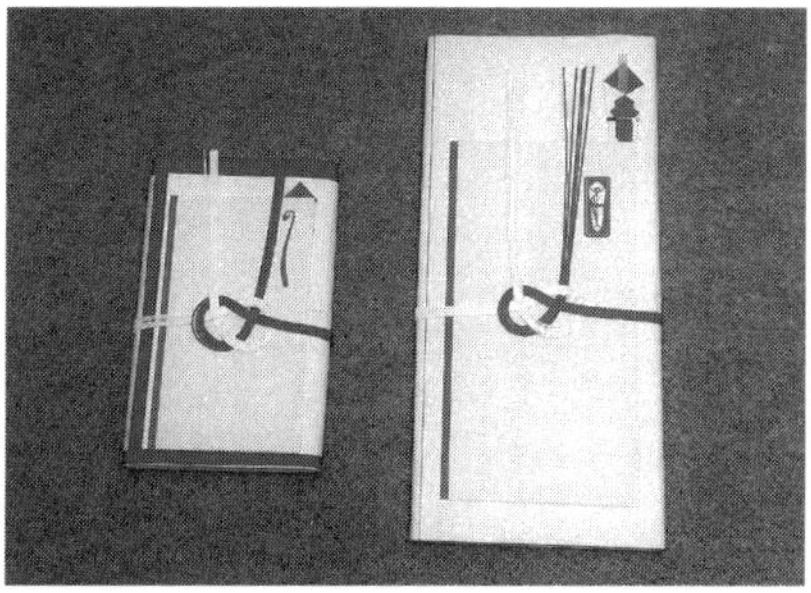
赤白のため紙

宮詣りの扇に添えていただいたお金、俗に言う紐銭の一部は、お宮詣りの時にお宮様にお供えし、残りのお金で赤ちゃんの最初の履物（靴など）を買い求めると、その赤ちゃんの足が丈夫になる、と言い伝えられています。それはお金のことを「おあし」と言うところから発想されたものだと考えられます。

内祝は、お宮詣りをすませてから、赤ちゃんの名前でします。品物は、赤飯や紅白の砂糖、かつおぶしや昆布のセットなどが多く用いられています。赤ちゃんの写真を添えるのもほほえましい作法です。

嫁の実家からの祝の品は、初着、ベッド、箪笥《たんす》などが代表的なものです。婿方では嫁方に対して内祝の品を贈る以外、この時点では特にお返しの必要はありません。

婿方は嫁方のご両親をお招きし、祝宴を開かれることをおすすめします。

◆『出産祝』を持参した時の挨拶例◆

贈　側　このたびは○○様には無事ご出産あそばされ　誠におめでとうございます
本日はお日柄もよろしゅうございますので　心ばかりのお祝いを持参いたしました　何卒　お納めくださいませ

受　側　誠に有難うございます　喜んで頂戴させていただきます
　　　　どうぞ　ご主人様にもよろしくお伝えくださいませ

◆『出産の内祝』を持参した時の挨拶例◆

贈　側　過日は大変結構な　お祝いを頂戴いたしまして　誠に有難うございました　息子夫婦もくれぐれもよろしくと申しておりました
　　　　おかげさまで　その後　母子ともに大変元気にすごしております
　　　　これは心ばかりの内祝のしるしでございます
　　　　どうぞお納めくださいませ

受　側　それはご丁寧に恐れ入ります　有難く頂戴いたします
　　　　どうぞ皆々様によろしくお伝えくださいませ

お七夜

王朝（奈良・平安）時代は〝産養《うぶやしない》〟といって、生後三夜《みや》、五夜《いつや》、七夜《しちや》、九夜《くや》に、生まれた赤ちゃんの無事を祈って宴が開かれた、と伝えられています。江戸時代には、当時の幕府が七夜を公式の儀式としたこともあって、その中の七夜だけが後世に残ったのです。別名〝枕下げ〟〝枕引き〟とも言われています。以前は仲人夫妻を招いて祝膳を囲むといったこともありましたが、最近では特別な祝宴は行わず、ごく内輪の簡単な祝事をされているのがほとんどです。その方が、まだ産後間もない母親のためにもよいことだと思われます。

ただ、この日に赤ちゃんの名前をつける風習は、今も変わることなく行われています。名前が決まれば、記念のためにも命名書を書かれることをおすすめします。特に決まった書式はありませんが、赤ちゃんの名前を大きく元気よく中央に書き、その右肩に父親の名前と続柄、左側に赤ちゃんの生年月日を記し、その他、両親の名前や命名の年月日などを書くこともあります。

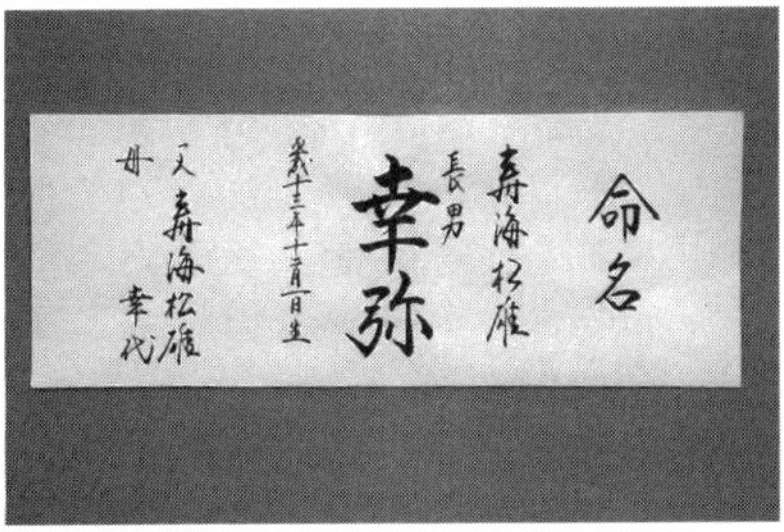

命名書二種

最近、形の良い軸付きの命名紙も市販されています。

なお、このお七夜に祝の品を贈るという風習は、京都地方には特にありません。

宮詣り

宮詣りは「産土神詣《うぶすながみまい》り」とも言われ、生まれた赤ちゃんを初めて土地の守護神（産土神・氏神様）にお詣りさせ、その土地の一員になったことを認知していただく儀式で、鎌倉、室町時代頃から行われていました。また、お産の忌《い》み明けの儀式であった、とも伝えられています。現在では、子供の誕生を感謝し、将来の健康と幸福を祈願する儀式として盛んに行われています。

全国的に男の子は生後三十一日目、女の子は生後三十二日目に行われていますが、京都では、女の子にかぎり三十日目にお詣りする風習があります。これは、「はやく宮詣りをすれば、はやくお嫁に行ける」という言い伝えがあるからですが、特に気にされることは作法上ありません。また男の子の額には「大きく力強く育ってほしい」と〝大〟の字を、女の子には「優しく育ってほしい」と〝小〟の字を書くといった風習もあります。これは元来、魔除《まよ》けの意味があり、額に炭をつけるだけという地方もあります。

当日は嫁の実家から贈られた初着（男児はのし目の羽二重、女児は友禅縮緬《ちりめん》が正式）に、宮詣りの扇を結びつけて（近所歩きをする場合はその折に結びつけていただくこともあります）、婿方の祖母が赤ちゃんを抱いてお詣りします。神社には、のし付きで赤白の水引のかかった金封に〝初穂料《はつほりょう》〟〝御玉串料《おんたまぐしりょう》〟と書いてお納めし、神職のお祓《はら》いを受け、お札やお守りなどをいただきます。神様の前で、わざと赤ちゃんをつねって泣かせるという風習が各地にあります。これは冒頭説明したように、神様にその子を土地の子として認めてもらうために行われるもので、他愛ないことですが、その意味は非常に奥深い作法なのです。

京都の各神社には、宮詣りの扇をお納めする場所がありますので、これも忘れず、一つか二つお納めください。

むかしながらのしきたりでは、その宮詣りの帰りに、親類や知人宅へ赤ちゃんの披露にお伺いします。訪問を受けた家では、魔除けを意味する犬張子や、でんでん太鼓、現代的なものでは、メリーゴーランドなどのおもちゃを贈る風習があります。その用意がない場合は、小さな金封（ポチ袋）か、半紙にお金を包んで、表に、〝おもちゃ料〟と書いてお渡ししても心あたたまる優しい作法です。

この折に宮詣りの扇をお渡しになる方もありますが、参詣後では遅く、正しい作法ではありません。

宗教上、お宮様（神社）ではなく、お寺様（寺院）にお参りされる場合もあると思いますが、お寺様でもきちっと儀式をしていただけます。これを参《まい》り初《はじ》めといい、この折のお心は〝初穂料〟という表書きではなくて〝御法禮〟と書きます。

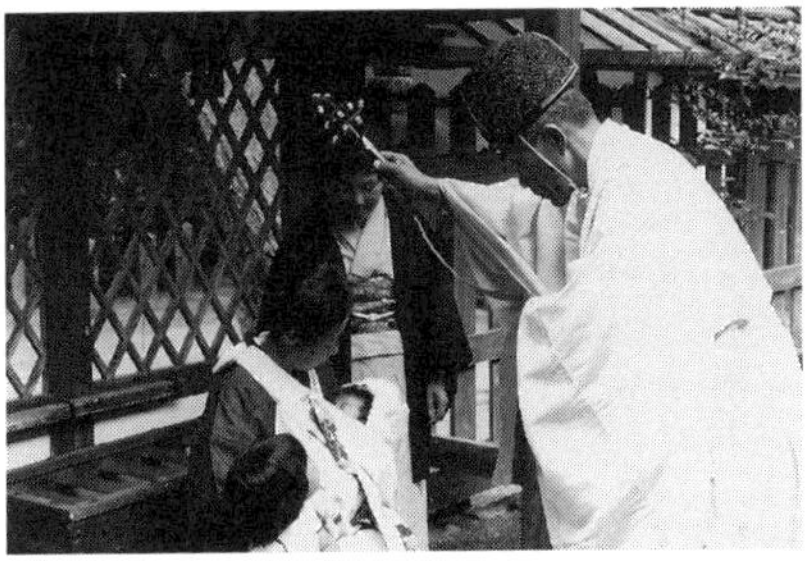
宮詣りの風景

この表書きは「佛様の奥深いお教えをいただいた礼儀」という意味です。

金封の水引はもちろん赤白でいいのですが、のしは貝のあわびであって生臭であり、お寺様にはふさわしいものではありませんので、のしのないものを使用します。

でんでん太鼓と犬張子

食初め

平安時代には、生後五十日を〝いそか〟または〝いか〟、百日を〝ももか〟と呼び、おかゆにお餅を入れて食べさせる儀式があり、また、魚や鳥肉を食べさせる〝魚味《まみ》始め〟という儀式もありました。

食《たべ》初《ぞ》めの儀式は、このようなところから始まったと伝えられています。

この食初めは、地方によって、〝お食《く》い初《ぞ》め〟〝箸《はし》ぞろえ〟〝歯がため〟とも呼ばれ、生後百日目か百二十日目に、養い親（子供に食べさせる役目の者）が赤ちゃんにはじめて食べ物を口にふくませ、一生その子が食べ物に困らないようにと願いを込めて祝う儀式です。京都では、生後百二十日目よりも少々遅らせてとり行われます。それは、この儀式をのばせば〝食いのばし〟といって、その赤ちゃんが長生き出来る、と言い伝えられているからです。出来得るかぎり、全員が顔を揃えられる日を選ぶことをおすすめします。

この時、使用する祝膳は、嫁の実家から贈るのがしきたりです。

男の子用は、皆朱塗《かいしゅぬり》（惣朱）で男紋、すなわち家に伝わる家紋を金または黒色で入れ、女の子用は、内朱外黒塗で女紋を銀色で入れます。これが、日本古来の考え方で、赤い色が男性、黒い色が女性だったのです。この祝膳の足は男性のものは低く、女性のものは高くなったものを使用します。男性はあぐらを組み座高が低くなり、女性は正座や立て膝すわりをしますので座高が高くなります。そういう理由から祝膳の足

食初めの図

の高低が生まれました。もっとも赤ちゃんは男女とも、ひとりでは座れませんが、この食初めの儀式の時から大人のものと同じ発想で作られた膳を使用するのです。専門用語では男用を〝小折《こおれ》〟女用を〝小丁《こちょう》〟と言います。

お箸は柳箸が正式で、〝両細〟といって両方削ってあるものを使用しますが、この食初めの儀式にかぎって片口箸（一方だけ削ってあるもの）を使用することもあります。

食初め膳（男子用）

食初め膳（女子用）

献立は一般に赤飯、焼物（鯛）、吸物を主なものと考えていただければいいのですが、京都では、それ以外に頭《かしら》（リーダー）になれるようにと〃金頭《かながしら》（ホウボウ）〃という魚を添えます。また赤（茶系）・白・黒の三色の小石を準備し、その小石を赤ちゃんにかませて、「歯が丈夫になるように」と祈願する風習があります。その食初めの小石を半紙に包んで、臍《へそ》の緒とともに長く保存をしておくのが、大切な作法です。むかしはその石を台所の水ための中に入れておいた家もたくさんありました。地方地域によっては、碁石をかませたり蛸をかませるところもあります。

古いしきたりでは、近親者の最年長者（長寿の人）を養い親としてお迎えし、赤ちゃんを左ひざにのせ、飯、汁、飯、魚、飯、汁の順に三回くりかえし食べさせる、などと決められていましたが、現代では、それにこだわることはありません。ただ子供の成長を祈る儀式として、また、のちのちの記念のためにも、この儀式は必ず、とり行われることをおすすめします。

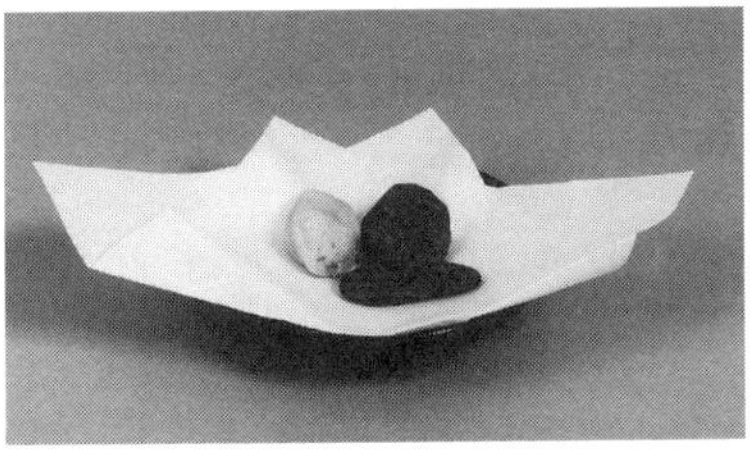
赤・白・黒の小石

この食初めの日に、〝色直しの儀〟といって、白い産着から色ものの晴着に着せかえる儀式がありましたが、現在、ほとんど行われていません。

食初め祝を贈る場合は、のし付きの赤白の水引がかかったものを使用し、表書きは〝食初め 御祝〟とします。

初節供

生まれた赤ちゃんが初めて迎える節供を〝初節供〟と言い、女の子は三月三日の桃の節供、男の子は五月五日の端午《たんご》の節供が初節供にあたります（ただし、生まれて一か月や二か月で初節供を迎えられる場合は、翌年に延ばすこともあります）。

この行事は、一説には江戸時代の中頃から、季節の変わり目の節々に無病息災を願ったのがはじまりと伝えられています。

初節供には嫁の実家から、女の子には雛人形を、男の子には五月人形を贈るしきたりがあります。雛人形・五月人形ともに不浄・邪気を追いはらい無病息災を祈願するために形づけられ、現代に受け継がれてきました。またこの初節供に、仲人や親類からも贈りものをする風習が全国的にあります。特に京都では人形を贈ることが多く見受けられますが、のし紙も、またお金でお祝いをされる場合の金封も、のし付きで赤白の水引のかかったものを使用し、〃初節供 御祝〃と表書きします。

お祝いをいただいた家は特にお返しの必要はありませんが、なさる場合は、もちろん、のしの付いた赤白の水引のものを使用し〃内祝〃と書きます。また、別の書き方では、女の子の場合〃桃の花〃、男の場合〃菖蒲〃と書いていただいても美しい作法です。品物には、特に決まりはありませんが、栗や豆、昆布、かつお節等がよく用いられます。

節供と言えば、前述しました三月三日と五月五日とが有名ですが、本来、一月七日（人日《じんじつ》・七草の節供）、三月三日（上巳《じょうし》・桃の節供）、五月五日（端午《たんご》・菖蒲の節供）、七月七日（七夕・笹の節供）、九月九日（重陽《ちょうよう》・菊の節供）の五つがあり、これを五節供といいます（「祭」の章〈164頁より〉参照）。

蛇足ですが、九月九日を「苦が重なる凶の日」と考える方がありますが、九は陽（奇数）の中でも最も強く、「陽が重なるめでたき佳《よ》き日」として、平安時代から宮中ではこの九月九日を〝重陽の節供〟と呼びならわし、大切な儀式の一つとしてとり行われてきました。

兜飾り

初誕生日

わが国では戦前まで、年をとるのはお正月や立春であり、毎年の誕生日をお祝いする風習はあまりありませんでした。ただ、この初誕生日だけは、古くから餅をついて健《すこ》やかな成長を祝う行事が各地に存在します。

地方によっては、餅を子供に背負わせたり、足で踏ませたり、また、男の子にはそろばんや筆などを、女の子には物差しや糸などを並べて、その中のどれを子供が手にするかによって将来を占う、といったようなこともあります。

京都には、とりたてて紹介するほどの風習はありません。各御家庭において、お子様の記念になることをひとつお考えになって、実行なされてはいかがでしょうか。

お祝いをされる場合は、赤白の水引にのし付きのものを使用し〝初誕生 御祝〟と書きます。〝初誕生日 御祝〟とは四・二文字になりますので書かれないよう心得てください。

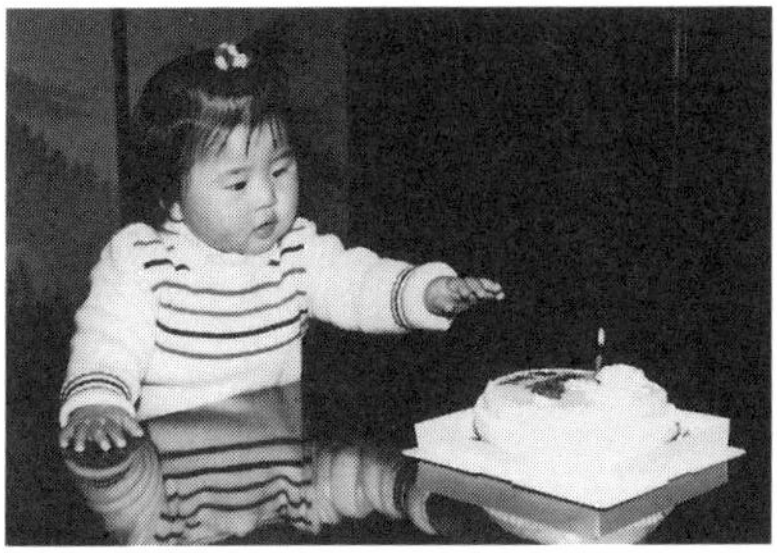
初誕生日

七五三

七五三は原則として数え年三歳と五歳の男の子と、三歳と七歳の女の子の健やかな成長を感謝し、将来の幸福を祈って氏神様にお詣りする行事で、その起源は室町時代だと言われていますが、昔は各々歳《おのおの》ごとに別々に行われていました。〝七、五、三〟とまとめて行うようになったのは、江戸時代末期から明治初期にかけてです。この七五三の行事は、今日、全国的な風習として定着していますが、もともとは関東地方の風習としてはじまったものです。十一月十五日に行われるのは、一説によれば、徳川綱吉の子、徳松がこの日に祝事を行ったからだと言われています。

三歳の祝は〝髪置《かみおき》の儀〟という武家作法からはじまります。それまで剃っていた頭に髪をのばし、〝唐子《からこ》まげ〟という髪を置く儀式に由来しています。

七五三のお詣り

五歳は〃袴着《はかまぎ》の儀〃といって、男の子を碁盤の上に立たせ、吉方を向かせて左足から袴をつける儀式で、王朝の頃の男女とも袴をはいていた時代には、女の子もこのお祝をしていました。

七歳は〃帯解《おびとき》の儀〃または、〃帯直しの儀〃といって、幼児の着物のつけ紐をとって、正式に帯を結ぶ古来の儀式から由来しています。

七五三は親が子のために祝うもので、あまり他人がお祝いをすることはありませんが、祖父母や御親類などがお祝いをされる場合は、のし付の赤白の水引のものを使用してください。表書きは〃七五三 御祝〃と書いていただいてもいいのですが、三歳なら〃髪置 御祝〃、五歳なら〃袴着 御祝〃、七歳なら〃帯解 御祝〃と書いていただく方がより正しい表書きです。お返しに千歳飴を配ることもあります。また、赤飯や紅白砂糖等を内祝として配るのもよく、また写真を添えることで、心あたたまる作法となります。

袴着の儀

神社には、のし付きの赤白の水引のかかった金封に〝初穂料〟と書いて納めてください。

十三まいり

前項の七五三が関東地方の風習としてはじまったのに対して、関西地方には〝十三まいり〟という風習があります。

これは、陰暦の三月十三日、現在ではひと月おくれの四月十三日に、数え年で十三歳になった子供（男女とも）に、両親がつき添って京都の嵐山にある法輪寺の御本尊虚空蔵菩薩《こくうぞうぼさつ》にお詣りし知恵を授けていただく風習で、別名〝知恵もらい〟とも言われています。起源は比較的新しく、安永二年（一七七三）がはじめであると伝えられています。

この十三歳という年齢は、男女ともに肉体的にも生理的にも子供から大人になる時期で、精神的にも動揺のある時期です。この時期に、両親ともども連れ立って佛

智福山・法輪寺

様にお詣りし、「心身ともに健康であるように」と手を合わせることは、大変有意義だと思います。このお詣りの帰り道、渡月橋を渡り終えるまでに後ろを振り返ると授かった知恵を返してしまう、といって、決して後ろを振り向かないといった風習があります。また、むかしはお供えした十三個のお菓子をお寺からおさがりとして頂戴し、それを境内から出るまでに食べなければいけないという風習もありました。これらは決められた約束事（儀式作法）を、もうこの年齢に達した子供は守らなければいけない、というひとつの躾《しつけ》であり、教えでもあるのです。

京都では、この時期から衣服を本身《ほんみ》（大人の着物）にあらためるところから、十三まいりのことを〃本身初め〃とも言います。

お寺様には、白無地の金封、もしくは黄白の水引のかかったもので、表書きは〃御供〃〃御法禮〃〃上〃などと書

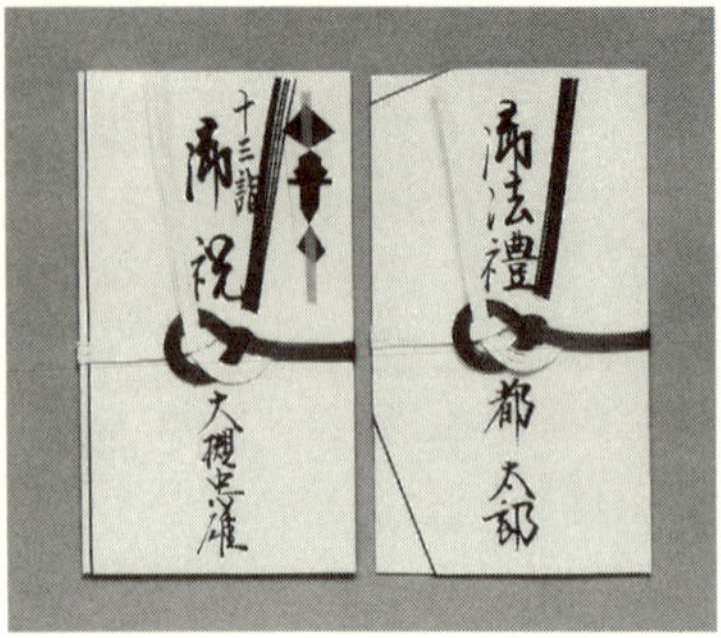

いて納めます。また、祝の儀ということで、赤白の水引のかかったものを使用していただいても間違いではありませんが、この場合、先様はお寺様ですので、生臭であるのしは付けないよう注意してください。とは言いましても、現実には三月、四月の日曜日などのお休みの日には大変なにぎわいで受付もこみあいますので、お金を裸のままで差し出して納められても、決して非礼ではありません。

十三歳になられたお子様の家にお祝いを差し上げる場合は、のし付きの赤白の水引のかかったものに、〃十三詣 御祝〃〃本身初 御祝〃と表書きすればよく、お返しなどにつきましては、七五三の時と同様です。

入園・入学・卒業

入園・入学・卒業といった行事に関しましては、古来から伝わるしきたり、風習といったものはありません。現代にはじまり、定着した祝事と言えるでしょう。お祝いを差し上げる場合は、のし付きの赤白の水引のかかったものを使用し、〃ご入園御祝〃〃ご入学御祝〃というようにそれぞれ書きます。ごく親しい間柄で、特に小さいお子様に贈られる場合には、のしや水引の代わりに、かわいいリボンを結び、心に残るメッセージカードを添えてお贈りしても、この種の儀礼にはあるのだと心得てください。

贈り物をいただかれた家では、特にお返しの必要はありませんが、必ず本人がお礼の挨拶をするようにしましょう。親御様が代わりにお礼を述べられて、お子様は知らん顔というのではなく、たとえ幼稚園児の小さなお子様でも、ひと言「ありがとう」と、言えるは

入園の記念撮影

ずですし、この頃から、感謝の心を表現する習慣・作法を身につけることが大切だと思います。

躾《しつけ》とは、決して押しつけたり形にはめることではなく、どのような行為が人様に喜んでもらえ、また迷惑になるかを気づかせることが大切で、これが京都の躾なのです。「身に美しい」と書く〝躾〟という文字、すばらしい漢字だと思います。

お祝いをくださった先様の家庭に、入園、入学、卒業等のお祝事がある折には忘れずお祝いをお贈りし、ご交際を深めてください。

成人式

前にも説明しましたが、冠婚葬祭の〝冠〟の字は、この項で説明する成人式を指しています。

むかしの成人式は、男性の場合〝元服式《げんぷくしき》〟と呼ばれ、初めて頭に冠をつける儀式がありました。別名〝初冠《ういこうぶり》〟〝初元結《はつもとゆい》〟とも言われ、年齢は現代の二十歳ではなく、数え年の十三歳か、十五歳頃に行われていました。前項で説明いたしました十三まいりは、この元服式の名残だとも言われています。

記録によれば、和銅七年（七一四）、のちの聖武天皇が皇太子の時に、この元服式を行われたのがはじまりと伝えられています。貴族社会の重要な儀式としてはじまった元服式は、やがて武家社会にも広がるとともに、冠が烏帽子《えぼし》に変わり、幼名を改め、新しく名前をつけるといった儀式もつけ加わったのです。江戸時代になると、前髪をおとして月代《さかやき》を剃ることが元服式となり、これをまねて一般庶民の間にも広まって行きました。

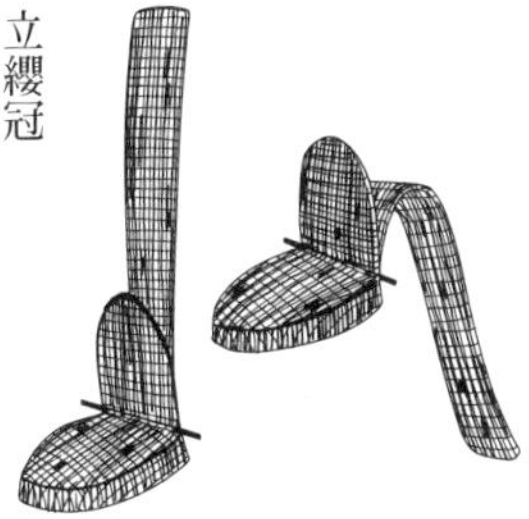

垂纓冠

立纓冠

女性の場合は、それまで垂れていた髪を結い上げるところから〝髪あげ〟、また初めて笄《こうがい》を用いるので〝初笄《はつこうがい》〟とも呼ばれていました。この元服の儀式がすめば、男女とも結婚の準備が出来たことを意味していたのです。

現代では、一月の第二日曜日を成人の日と定め、満二十歳

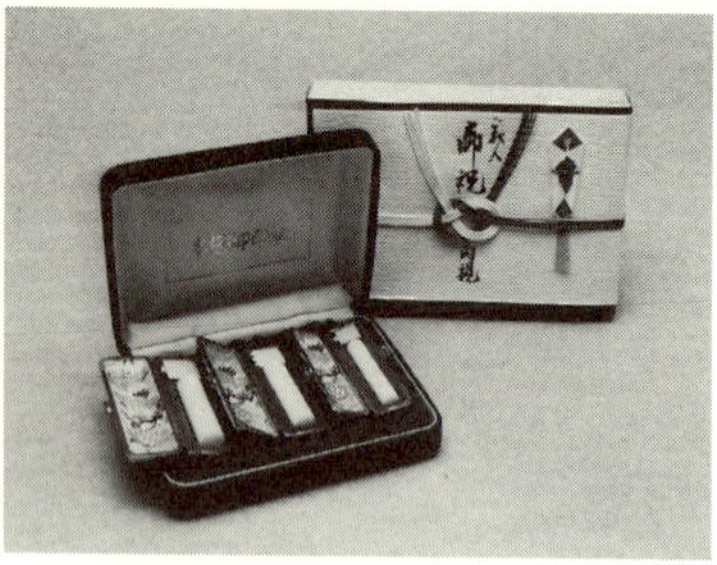

成人祝の印鑑セット

になった男女をお祝いします。

お祝いを差し上げる場合は、のし付きの赤白の水引のものを使用し、〃ご成人 御祝〃〃成人式 御祝〃と書きます。お返しは原則として必要ありませんが、心を込めて、礼状を出されるか、挨拶に伺うのが作法です。

近年、成人したことを自覚する意味で、親御様が実印を贈られることもあります。

私は、成人式を迎えられ大人の仲間入りをされた若者には、是非とも、この一冊を読んでいただきたいと願っています。

この時期よく、話題になる成人式での振り袖論争は別にして、今後、披露宴やお茶会等、公式の場に出席されることも多くなると思いますので、この機会に正しく装える洋服なり、着物を新調されても決して無意味なことではないと思いますし、男女ともせめてご不幸時の式服を整えられることをおすすめします。

結婚記念日

結婚記念日をお祝いするのは、欧米の風習をとり入れたもので、わが国では、明治二十七年に明治天皇と昭憲皇后が銀婚式をお祝いなされたことから、徐々に一般に広まりました。この記念日は年数によってそれぞれの名称がつけられていますが、その名称には、さまざまなものがあります。商業主義的につくられたものもありますが、参考までに、一例をあげておきます。

一年目　紙婚式
二年目　木綿婚式または藁婚式
三年目　革婚式
四年目　花婚式
五年目　木婚式
六年目　鉄婚式

七年目　銅婚式
八年目　青銅婚式
九年目　陶器婚式
十年目　錫婚式
十一年目　鋼鉄婚式
十二年目　絹婚式
十三年目　レース婚式
十四年目　象牙婚式
十五年目　水晶婚式
二十年目　磁器婚式
二十五年目　銀婚式
三十年目　真珠婚式
三十五年目　珊瑚婚式
四十年目　ルビー婚式

夫婦の長寿を願う高砂人形

四十五年目　サファイヤ婚式
五十年目　金婚式
五十五年目　エメラルド婚式
六十年目以上　ダイヤモンド婚式

実にさまざまなものがあることを理解していただけたと思いますが、やはり結婚記念日といえば、銀婚式と金婚式が代表的なものです。この結婚記念日に、懐かしい思い出の品である、二人の結納飾りを飾られる方もあり、心あたたまる作法です。

お祝いを贈る場合は、のし付きの金銀の水引のものか、または赤白の水引のものを使用し、〃銀婚式 御祝〃などと書きます。お祝いをいただかれた当事者は記念に残るような品を選んで、〃内祝〃をお配りするのが一般的です。そしてこの時、のし紙に書くお名前は、夫婦連名が正式です。

この結婚記念日のお祝いに贈ってはいけないものがあります。それは一羽の鶴だけの絵などで、本来一対・一組であるべきものの一方だけを贈るのは、避けられるように心得てください。

長寿祝

長寿を祝う風習は、もともと中国の礼式から伝わったもので、わが国では奈良時代、聖武天皇が初老の賀（数え年四十歳）を祝われたのがはじまりと伝えられています。長寿祝が、四十歳の初老の賀からだと知って、驚かれた方もいらっしゃると思います。

現在、京都ではこの初老の賀をお祝いする方はほとんどいらっしゃらないと思います。やはり、長寿の祝といえば、還暦からはじまると考えるのが一般的です。それでは、順を追って説明いたします。

還《かん》暦《れき》　数え年六十一歳の祝で、〝本掛《ほんけ》がえり〟とも呼ばれ、生まれ年の干支《えと》に戻ることからはじまりました。以前は赤いちゃんちゃんこや頭巾などを

思い出の結納飾

贈るのが習わしでしたが、現在六十歳と言えばまだまだ現役でご活躍の方も大勢いらっしゃいますので、赤いスポーツシャツや赤いベスト等を贈られてはいかがでしょうか。赤い色は「本掛がえりで赤ちゃんにかえるからだ」と言われていますが、古来より、赤い色は魔除けの色でもあります。

古稀《こき》　数え年七十歳の祝で、中国の詩人杜甫《とほ》の「曲江」の中にある「人生七十古来稀《まれ》なり」という詩の一節に由来しています。

喜寿《きじゅ》　「喜」の字の草書体「㐂」が七十七に見えるところから、数え年七十七歳を〝喜寿〟といってお祝いします。

傘寿《さんじゅ》　数え年八十歳の祝で、傘の字を略して「仐」、つまり八十と書くところに由来しています。

米寿《べいじゅ》　これも、米の字を分解すると、八十八となるところからこう呼ばれ、数え年の八十八歳をお祝いします。

卒寿《そつじゅ》　数え年の九十歳の祝で、卒の字の草書体を「卆」と書くところから由来しています。

白寿《はくじゅ》　「百」の字から「一」の字を取ると「白」となるところから、数え年の九十九歳の長寿を白寿といってお祝いします。

百賀《ひゃくが》　文字通り、百歳をお祝いします。

高齢化社会の現代になって、長寿の方が多くなってきました。それにともなって新しい長寿祝が生まれていきます。長生きするのはたいへんめでたいことなので、付け加えておきます。

長寿祝

百一賀《ひゃくいちが》　数え年、百一歳のお祝いで、この歳以後、毎年お祝いします。

茶寿《ちゃじゅ》　「茶」の字の艸冠《くさ》が二十を、余が八十八を表し、たすと一〇八になることから、数え年の百八歳をお祝いします。

皇寿《こうじゅ》　「皇」の字は、白と王からなり、「白」は白寿同様、九十九をさし、「王」を分解すると一と十と一で十二となり、合わせて百十一になることから数え年の百十一歳をお祝いします。また川の字が111に見えるところから「川寿」と呼ばれることもあります。

珍寿《ちんじゅ》　数え年、百十歳以上を祝うことが珍しいところから「珍寿」と呼び習わされています。

大還暦《だいかんれき》　数え年の百二十一歳を二度目の還暦としてお祝いします。二巡目ということで「大」の字をかぶせます。

右の記述以外にも、数え年の百二十歳を「上寿《じょうじゅ》」、百歳を「中寿《ちゅうじゅ》」、八十歳を「下寿《かじゅ》」と言うこともあります。今後もまだまだ長寿祝いが増えるかもしれません。

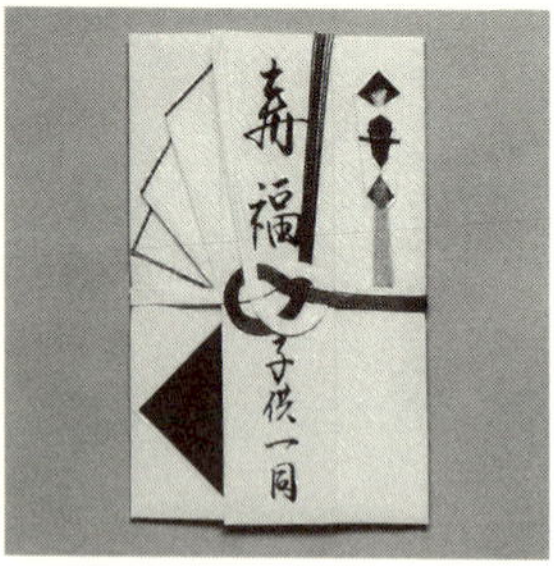

長寿祝の金封

お祝いは九月十五日の敬老の日にする場合もあれば、古来からのしきたりであるお正月や立春の節にお祝いすることもあります。現代的には誕生日にお祝いされてもよいかと思います。

長寿祝を贈る場合は、のし付きの赤白の水引のものを使用し、〝還暦 御祝〟などと書くか、もしくは〝長寿 御祝〟または〝寿福〟と書くのが正しい表書きです。

昨今、米寿祝にお米を表現した黄金色の頭巾や座布団が、白寿祝には純白の頭巾や座布団が市販され、好評を得ています。いずれにしましても、この儀式は高齢者に対する敬いと感謝の心を込めてお祝いするのが本義です。

祝われた当人は、自分で書かれた色紙や短冊、また小袱紗《ふくさ》や切手盆などを〝内祝〟の品として、お配りすればよく、高価なものより、長く記念に残るものを選ばれることをおすすめします。

蛇足ですが、いくら長寿の方への親しみだからといって、第一線で活躍されている方に対して、血縁者でもない方が〝おじいちゃん〟〝おばあちゃん〟とお呼びするのは、失礼なことですので、充分心得てください。

厄除

厄年《やくどし》というのは、数え年で男性は二十五歳、四十二歳、六十一歳。女性は十九歳、三十三歳、三十七歳を指して言われるもので、特に男性の四十二歳と女性の三十三歳を大厄《たいやく》とし、その前後を含めた三年間をそれぞれ前厄《まえやく》、本厄《ほんやく》、後厄《あとやく》と言います。

この時期には、災難に遭わないように充分注意しなければいけない、と古くから言い伝えられてきました。現代ではただ単なる迷信と一笑する方もいらっしゃると思いますが、心身ともに疲れやすく、病気にもかかりやすい時期ですので、健康に留意することは決して無意味なことではありません。災難に遭う時期と恐れるのではなく、人生の大切な節目として身体に充分気をつける時期と考えていただければいかがでしょうか。

この厄年を無事に暮らせるようにと、古来から各地方でずいぶんとさまざまなことが風習として行われてきました。京都では少なくなりましたが、厄除火箸や十能《じゅうのう》、それに番傘を贈る、といったこともあります。一般には神社や観音様にお詣りし厄除祈願をされることが多く見受けられます。

厄年の人に金品を贈る場合は、のし付きの赤白の水引のものを使用し〝厄除 御祝〟と書いてください。一方、厄年の人がお配りになる品物には、やはり同じく、のし付きの赤白のものに〝内祝〟と表書きします。

内祝の品に特に決まったものはありませんが、手拭いや風呂敷などを贈られることがよくあります。

お中元

古代中国では、一月十五日を〝上元〟といって、人々に福を与える神の日、また七月十五日を〝中元〟といって、人を愛し、その罪を許す神の日、また十月十五日を〝下元〟といって、災害を防ぐ神の日とし、それぞれ盛大にお祭りを行いました。この行事が日本に伝わって、〝中元〟だけがお盆の行事と重なり、現在まで残ったのです。

お中元をお贈りにする時期は、関東地方では七月はじめ頃から七月十五日までと早く、京都では、お中元はご先祖様へのお供え物といった性格もあり、一般に七月の終わり頃から八月十五日までと言われています。しかし八朔《はっさく》（八月一日）から贈りはじめられる方も多く、あまり早すぎるよりは、お盆のことも念頭において贈られることをおすすめします。

この中元の贈呈をめぐって、「虚礼廃止」という声を聞きますが、その年の前半お世話になった感謝の気持ちを品物にたくして真心こめて贈る風習であり、後世に残しておきたい床しいしきたりです。

お中元

贈り物を差し出す時は、のし付きの赤白の水引のものを使用し、以前は、広蓋《ひろぶた》にのせ、袱紗をかけることもありましたが、現代では、広蓋、袱紗は使用せず、縮緬《ちりめん》等の風呂敷に包んで持参すれば美しい作法となります。

また、ご関係によっては百貨店などから直接お送りになっても、決して失礼なことではありません。お中元をいただかれた方は特にお返しの必要はありませんが、すこし控え目の品を〝うつり〟と称してお返しすることもあります。

いずれにしても、感謝の心を先様（贈主）に表現するのが作法ですので、せめてお礼状をお出しになることをおすすめします。参考までに礼状の例文を認《したた》めておきます。

◆例文（イ）◆

拝啓　毎日暑い日がつづいておりますが、皆様にはお元気でお過ごしのご様子何よりとお喜び申し上げます。

さて、過日はお心遣いの品をお送りいただきまして、誠にありがとうございました。

いつもお心にかけて頂き恐縮いたしております。

時節柄御身ご自愛のほどお祈り申し上げます。

敬具

◆例文（ロ）◆

拝啓　毎日暑い日がつづいておりますが、皆様にはお元気でお過ごしのご様子何よりとお喜び申し上げます。

さて過日は誠に結構なお心遣いの品をお送りくださいましてありがとうございました。

家族全員甘いものが大好物でおいしく頂戴いたしております。

いつもお心にかけて頂き恐縮いたしております。

時節柄御身ご自愛のほどお祈り申し上げます。

敬具

贈主は、先様の礼状から贈った品物のよしあしを今後の参考にされることが肝要だと心得てください。

お歳暮

お歳暮には〝歳暮の礼〟〝歳暮の賀〟という言葉があります。〝礼〟は一年間の感謝の気持ちを真心をこめて贈ることで、〝賀〟とは「歳暮をお贈り出来る喜び」という意味です。殊に京都のお歳暮は「今後共よろしく」というよりは「一年間、本当にありがとうございました」と感謝の心を表現する意味合いが強いのです。

お歳暮に贈る品物は地方によって異なり、北海道や東北では鮭が多く贈られました。しかし鮭は〝裂ける〟に通じ験《げん》が悪く、その品を清めるために新しい藁で巻くようになりました。これが歳暮の品としてよく贈られる〝新巻鮭《あらまきじゃけ》〟というものです。同じ魚でも、九州をはじめとして、各地で鰤《ぶり》が贈

風呂敷に包まれた歳暮の品

で贈られます。これは、嫁の実家の両親に対して〃嫁御ぶりがいい〃という語呂《ごろ》合わせられます。こういった発想は京都だけではないことが、こんなところからも見えてきます。それはともかく京都では、〃鏡納め〃といって鏡餅を贈る風習がありますす。鏡餅の鏡は、贈る人の魂そのもので、先様に魂、心を納めるのが京都のお歳暮の一番大事なポイントです。一部の人々がおっしゃるような、決して無意味なことではありません。

贈る時期は、本来、十二月十三日の事始めから月末までが正式ですが、最近では、十二月はじめから二十五日頃までに届くようお贈りするのが一般的です。贈られる品には、赤白の水引でのしの付いたのし紙を使用し〃御歳暮〃と表書きします。

お返しにつきましては、前項のお中元と同じように、考えてください。

礼状も季節の挨拶文以外はお中元同様と考えていただければよく、ただお歳暮時には、ひと言、「よいお年をお迎え下さいませ」とつけ加えられることをおすすめします。

新築

新築祝を贈る場合は、のし付きの赤白の水引のものを使用し、表書きは〃ご新築御祝〃と書きます。

マンションなどを購入された場合は、ただ〃御祝〃とのみ書くか、〃家移り御祝〃と書く場合もあります。ただし、同じご町内の方が引越して行かれる場合は、〃御祝〃とは決して書かないよう留意してください。この場合は〃御餞別〃がふさわしい表書きです。

家屋のお祝いに、むずかしいしきたりなどはありませんが、灰皿・たばこケース・ライター・ストーブなど、その品物から火を連想するものは、お祝いの品としてふさわしくありません。

お祝いをいただいた家では、その折に赤白の水引のかかったため紙とともにお祝金の一割をうつりの金封に封入し贈主にお渡しし、後日おおよそ半額程度の品物をお返しします。この場合の表書きは、〃内祝〃とします。私的な新築でない場合は〝記念品〞と表書きすることもあります。

以前、ある著名な会社から、社屋完成の祝賀会でお客様にお持ち帰りいただく品物に、紅白まんじゅう・風呂敷・ワインを決定したが、それぞれ、どのように表書きするのがよいか、とご質問をいただきました。品物選定の心は別にして、紅白まんじゅうには〝内祝〞、風呂敷は〝記念品〞、ワインは〝感謝〞とお書きになることをおすすめします、と提案させていただきました。

盗難よけ二種

完成したビルや家屋に真新しいお札が貼られることもよく見受けられる作法です。特に醍醐寺で授けていただく五大力さん（五大明王）のお札や、小さな紙に書かれた十二月十二日（石川五右衛門が処刑された日）の逆さ札などの盗難除け。また愛宕神社の〝火の用心〞のお札など、人と建物を守る、あたりまえとも言える京都人の思いや願いが、そこにあります。お札の効力は基本的には一年間です。古くなったら取り替えるよう心がけてください。

お見舞

お見舞とひと口に言いましても、いろいろなお見舞がありますが、ここでは病気見舞を中心に説明します。

最近、お見舞をお贈りする場合には、「〃のし〃を付けないで贈りなさい」と、もっともらしい理由を付け、まことしやかに説明する方がいらっしゃいますが、〃のし〃は本来、〃長生不死の妙薬〃とも言われるもので、お見舞には〃のし〃を付けることが意味あることであり、正しい儀式作法なのです。この点、充分理解のうえ使用してください。

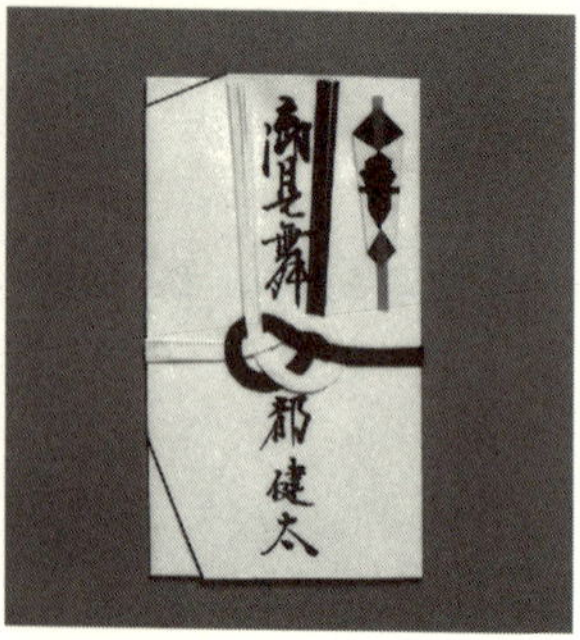

お見舞

水引は、赤白のものを使用します。「お見舞なのに赤白では失礼ではないか」と、考える方もありますが、赤白の水引はお慶び事だけの水引ではなく、陽の水引といって、明るく、力強いという意味がありますので、全快を祈るお見舞に使用していただいて、なんら問題はありません。水引をかけず、白無地の金封や、かけ紙等がよい、と記された本もありますが、白無地は本来、不祝儀に使用するものですので、おすすめできません。

表書きは〃御見舞〃と書くのが正式です。

お見舞に贈ってはいけない品について少々書き添えておきますと、「根（寝）つく」といって嫌われる鉢植え、「死」や「苦」に通じるシクラメン、「首がおちる」という椿の花、「なくなる」といって嫌う果物の梨など、死を連想されるような物や作法は、縁起を担《かつ》ぐ方もいらっしゃいますので、ふさわしくありません。

お見舞をいただかれた方は、全快の折にお返しを贈ります。この場合は、のし付きの赤白のものに〃本復祝〃〃快気祝〃〃内祝〃などと書きます。

他のお見舞についての表書きを記しておきます。災害、火事見舞の場合は、〃災害〃とか〃出火〃、〃類焼〃とはせずに、ただ〃御見舞〃もしくは、〃お伺い〃とだけ書かれることをおすすめします。

楽屋見舞の場合は、御見舞と書くよりは〃御祝〃がよいでしょう。と言いますのは、見舞うという言葉そのものに若干上下関係があるように感じられますので、目上の方へは〝楽屋（お部屋）見舞〟などと記さず、〝御祝〟と表書きされることをおすすめします。

陣中見舞の場合、選挙なら〝祈必勝〟または〝陣中御見舞〟、合宿や制作中には〝陣中御見舞〟、受験だと〝祈合格〟などと書き、このいずれの場合も、のし付きの赤白の水引のものを使用します。

出産見舞の場合も、のし付きの赤白の水引のものに〝御見舞〟と表書きすればよいのです。産院などへお見舞に伺うのは、ごく親しいお身内だけにとどめられる方が作法です。

お見舞の作法はいずれの場合も、のし付きと説明しましたが、京都でものしを添えない作法がひとつあります。それは佛教宗派の浄土宗で行われる五重相伝《ごじゅうそうでん》（宗儀の秘奥を伝える儀式）時で、導師見舞という作法です。このお見舞は、先様はお坊様ですので、〝のし〟はふさわしくありません。

餞別

本来、餞別《せんべつ》とは別れに際してのはなむけであり、すなわち旅立つ人の馬の鼻と見送る人の馬の鼻とを向き合わせて挨拶するところからはじまったものだと言われています。

馬を人様に見ていただくことで、その人に〝力〟を与えられると古くから信じられてきました。お祭りに馬がよく登場するのは、そんな理由が秘んでいるのです。それはともかく餞別とは一般に、別れゆく人に贈る金品を指して言うことが多く、今日までの感謝の心と今後の安全を祈ってお贈りするのが餞別の心です。

お金包みは一時期〝のし〟なしのものを使用すると説明される方がいらっしゃいましたが、今ではすっかり影をひそめてしまいました。餞別は先様の健康を祈るものですので、やはり〝のし付き〟の金封を使用します。水引は言うまでもなく赤白を使用し、〝御餞別〟〝御贐《はなむけ》〟と書きます。

旅立ちと言いましても新婚旅行や出張などの場合には〝御餞別〟とされるより、

旅の伴

〃旅の伴〃と表書きされることをおすすめします。金封は御餞別と同様に考えていただければよく、新婚旅行の折にはファッショナブルな新金封を使用されるのもまた楽しい作法だと思います。

勤め先で同じ会社の方が退職される折にも〃御餞別〃と表書きし、定年退職される場合は、品物なら〃記念品〃、金子《きんす》なら〃記念品料〃と表書きします。時々お見受けする〃定年退職御祝〃という表書きは、作法上おすすめしません。また商品券やお食事券を贈る場合には〃敬労《けいろう》（うやまいねぎらう）〃といった表書きもあります。

お返しは特に必要ありませんが、転居先の名産品を送られたり、旅行の場合はおみやげを持参したり、退職なら〃感謝〃と表書きしたお返しの品を贈られても心を表現した作法となります。

〈第三章〉

婚

婚姻に関する儀式作法
儀礼道具の整え方・用い方
結婚祝

婚姻に関する儀式作法

見合いから結納まで
荷出し・袴地料納め
結婚式と披露宴

縁あって夫婦の契りを結び、また親族としての絆を繋ぐ婚姻の儀式には、何にもまして相手を思いやる優しい心が問われます。

人との関りが希薄な現代、この儀式作法のもつ意味と意義をしっかりと知り得ていただくことで、今求められる大切な心を呼び覚ますことが出来ると確信しています。

見合い

お見合いは一説によれば、江戸時代に一般庶民の間からはじまった風習、と伝えられています。しかし、その形は現代のものとちがい、男性に女性を〝女合《めあ》わす〟という感覚が強く、最終的な意思の決定は男性側にありました。また、仲介人が両家と話し合い、おおよその話をまとめてから、最終段階としてお見合いが行われることもあったのです。

女性には決定権がないように書きましたが、実は、女性も、ひとつの行動でその心を仲介人に表現することもありました。それは、女性が着物の袖を横に振れば気に入り、また縦に振れば、この男性は好みではないというもので、〝袖にする〟という言葉はこんなところから生まれたのかもしれません。

見合いの図

お見合いは時代とともにその形が変化し、現代のお見合いは男女共本人の意思を最も尊重したものとなり、「人と人との出会い」のひとつの形として定着しました。近年一時期、お見合いは前近代的な風習と決めつけられ、特に若い人たちの間では敬遠されることもありましたが、人生の経験豊かな人たちの仲介により、お互いの意思の交流が可能なお見合いという形式の利点が今では見直され、良きご縁を結ばれる方も少なくありません。

お見合いの折に身上書（釣書《つりしょ》）を交換することもあります。釣書といえば一般に、家と家とのつり合いと考えられてきましたが、本来の意味はモビールのような形で表現される系図（家系）を指して言われたものです。

現代の釣書は結婚する本人の価値観や感性を表現し、また、相手個人を知り得るためのひとつの方法、と考えていただければいかがでしょうか。「巻紙に毛筆書き」といった昔の形式にこだわらず、便箋にペン字書きでよく、書式も特に決まったものはありません。ただ必ずご本人が書かれることをおすすめします。

見合扇子

京都では、相手のことが意に叶《かな》えば、仲人を介して、「扇子を納める風習」があります。これがいわゆる〃見合扇子の交換〃という儀式作法です。

扇子の交換

最近、この扇子の交換の儀式をする方はたいへん少なくなってきましたが、結納までに少し期間をおく場合は、けじめとして扇子の交換を行います。本来この儀式は、自分の意思を相手に伝える、というたいへん近代的と言いましょうか、現代的な考え方から発生し発展したものです。地方により扇子を用いず、〃きめ酒〃と称してお酒を納めたり、また盃を納めたりと、さまざまな形がありますが、京都では、男性側（婿方）より女物の扇子一本を、女性側（嫁方）より男物の扇子一本を桐箱に入れ、金銀の水引をかけ、上部に〃寿〃、下部に本人の名を認《したた》め（家や親の名前ではありません）、白木台に乗せ、それを広蓋、もしくは進物盆に入れて、袱紗をかけ、取り交わします。取り交わし方は、仲人が両家を往復することもありますが、両家の顔合せとして双方の都合のよい吉日を選び、適当な場所で行うことをおすすめします。

また扇子にこだわらず、ご本人同士で何か心あたたまる品物を考え交換されるのも現代的だと思います。

結納

現在の儀式作法の中で最も厳粛にとり行われているのが、結納時の儀式作法であると言って、決して過言ではないと思います。その起源は仁徳天皇の皇太子（のちの履中《りちゅう》天皇）が、黒媛《くろひめ》という女性を后《きさき》になさる時に贈りものをなされたことが書物に記されており、これが結納儀式のはじまりであると伝えられています。当時は〝納采《のうさい》の儀〟と呼ばれていました（この〝納采の儀〟という言葉は、皇族方では現在でも使用されています）。

〝結納〟という言葉がいつ頃から使われるようになったかは定かではありませんが、その語源は〝結いの物〟、すなわち「婿方と嫁方とが共に飲食する酒と肴」を意味しているとも、また「結婚の申し込み（たのみ）を意味する〝言《い》い納《の》れ〟という言葉から転じて出来上がった」とも言われています。それはともかく、古《いにしえ》より先様に対する感謝の心と気配りを基として、家と家とが婚姻（姻戚）関係を築き、人と人を結ぶ床《ゆか》しい儀式として発達し、時代とともに移り変わり、現在の形が出来上がったのです。
結納というものが、長い歴史の中でも消滅することなく現代まで生き続けて来たのは、人としての心の優しさがあったからだと思います。

結納の図

ここでは、結納というものの持つ意味と意義を、簡単に説明します。

昔も今も女性（娘）がお嫁入りするということは、その娘の家庭にとっては大事な働き手を失うことであり、暮らしの基盤がゆるむことです。そこで、昔は婿がまず嫁方に婿入りをし、嫁方で労働をすることで嫁方の生計を助け、その後、改めて女性を婿方に迎える〝婿入婚〟というものがあたりまえだったのです。それは言うまでもなく、嫁方に対する最高の気配りでした。しかし、家を支える男性が家を長く空けることによる不都合から、嫁側の労働力の代わりとして男性側から金品を女性側に贈るようになりました。このように結納は本来、娘を嫁がす家庭に対する婿方の誠意であり、本人同士が直接行うものではなかったのです。

どんなに時代が移り社会が変化しても、先様を思いやり感謝の心を相手に伝えることほど美しいものはありません。

そして、結納は単にお金や指輪などを嫁方に渡すことではなく、「感謝」「敬意」「愛情」などの心を形にかえて、嫁方に伝えるものです。

一見無駄に見えるものを無駄にしないという感性は、きっとどなたにも理解していただけると思います。そこに本当の価値と心があるのです。

結納の品は、古くはほとんど金子《きんす》を贈らず、現物（品物）が中心でした。

一例を記しておきますと、その品には〝熨斗《のし》〟〝寿恵廣《すえひろ》〟〝帯地《おびじ》〟〝小袖《こそで》〟〝袴《はかま》地《じ》〟〝白生地《しろきじ》〟〝紅白絹地《こうはくきぬじ》〟〝真綿《まわた》〟〝寿留女《するめ》〟〝子生婦《こんぶ》〟〝柳樽《やなぎだる》〟〝松魚《まつうお》〟〝友白《ともしら》髪《が》〟〝履物《はきもの》〟〝化粧品《けしょうひん》〟〝米《こめ》〟〝茶《ちゃ》〟〝傘《かさ》〟、それに現代では〝優美和《ゆびわ》〟〝久美飾《くびかざり》〟〝登慶恵《とけい》〟〝繁度馬津久《はんどばっく》〟〝高砂人形《たかさごにんぎょう》〟など、多種多様です。これらのものはすべて、健康、長寿、繁栄、幸福、節操、祝賀などを表わしています。

結納七点揃

結納の儀式作法は全国各地でずいぶんと差異がありますが、ここでは、結納儀式発祥の地と言われています、京都の儀式作法を中心に説明します。

結納は、婚礼（結婚式）のおおよそ六か月ほど前の大安吉日か、友引、先勝等の午前中に納めるのが一般的です。婿方から嫁方に贈られる結納品は、「熨斗、寿恵廣、帯地料、柳樽料、松魚料」の五品が基本で、これにそれぞれ、縁起の良い鶴、亀、松、竹、梅の水引飾りを添えるのです。

それでは、ひとつずつ、飾り方を含めて説明します。

〝熨斗《のし》〟には、鶴の飾りを添えます。熨斗は、あわびの肉を長くうち延ばしたもので〝長生不死の妙薬〟とも言われ、先様の健康と長寿を祈るものです。水引飾りの鶴は「千年の齢を保つ」とも、また他の鳥と一緒になら

鶴飾り

ないという「節操を保つ鳥」とも言われています。この熨斗（鶴飾り）を床の間等に飾る折には、必ず京都では、鶴が手前を向くようにします。これには、鶴が幸せを持って舞いおりて来るように、という願いがこめられているからです。

また鶴は陰陽では〝陽〟を表わし、陽は天、すなわち上から下に降りそそぐ、という意味があります。

そして、その幸せを持って舞いおりて来た鶴を逃がさないよう、打出の小槌（別名、のしおさえ）で押さえて、受けとめておきます。

〝寿《す》恵《え》廣《ひろ》（末廣）〟には、亀の飾りを添えます。寿恵廣は、先様が益々発展なさるようにと祈るもので、水引飾りの亀は万年の齢を尊ぶとともに、一度結ばれれば共に仲良くするところから、縁起物と言われています。この寿恵廣（亀飾り）は、鶴とは逆に床の間の方を向くように飾ります。これは、亀の忍耐強さを表し、努力

亀飾り

松飾り

して這い上がって行き、幸せをつかむように、という願いがこめられています。

また亀は〝陰〟を表現したもので、陰は下から上に向かって行くものと考えられてきました。

〝帯地料《おびじりょう》〟(松飾りを添えます)の金封に封入する金子が、いわゆる「結納金」です。松飾りは、長寿と永久に変わらない松の緑のように、気持ちの変わらない様子を表現しています。

〝柳樽料《やなぎだるりょう》〟(竹飾りを添えます)は、お酒を持参する代わりに金子を封入するもので、竹飾りは、節度、潔白、そしてまっすぐ素直に成長することを表現しています。

〝松魚料《まつうおりょう》〟(梅飾りを添えます)は、お酒の肴を持参する代わりに金子を封入するもので、梅飾りは、春に先がけて一番に花を咲かせ実を結ぶので、めでたきものとして用い

竹飾り

梅飾り

られています。

柳樽料、松魚料に封入する金子は、帯地料（結納金）に封入された一割以内を、柳樽料二、松魚料一の割合で包んでください。これは結納金ではありませんので、誤解のないように心得てください。

お金を封入する折にはお札の表裏に留意し、お札の肖像画が下にくるようにします。こうすることで、上向く（発展する）という表現になるのです。

お札はすべて新札を準備し、帯封がある場合は帯封を取らずに入れてください。「これは新鮮なもので、決して使いまわした古いものではない」という表現なのです。

京都では、結納といえば、すでに説明しました、鶴・亀・松・竹・梅の五品で形が整いますが、この五品に優美《ゆび》和《わ》（婚約指輪）一環（一環、納めるのが正式で結婚指輪は結納には添えないのが作法です）を添えられる方が多く、一品が加わることで六品となります。

しかし六品は「陰の数」、「割れる数」とも言われ、慶事には用いませんので、あと一品を添え七品として納めます。その一品には、白生地、もしくは友白髪などが、少し前まではよく用いられていましたが、最近では尉《じょう》と姥《うば》との高砂人形を添えるのがあたりまえになりました。高砂人形を添えますと、結納飾りが一段と華やかなものとなり、また永く記念の品として残りますので添えられる方が多いのです。また尉と姥の人形は、花婿・花嫁に今後、悪いことが起こらないための災難除けとしての意味もあります。

この高砂人形（尉と姥）の飾り方について、よく質問を承りますので説明しておきます。京都ではお雛様同様、「右が左」という考え方があり、向かって右に陽である尉（男性）を、向かって左に陰である姥《うば》（女性）を置くのが一般的です

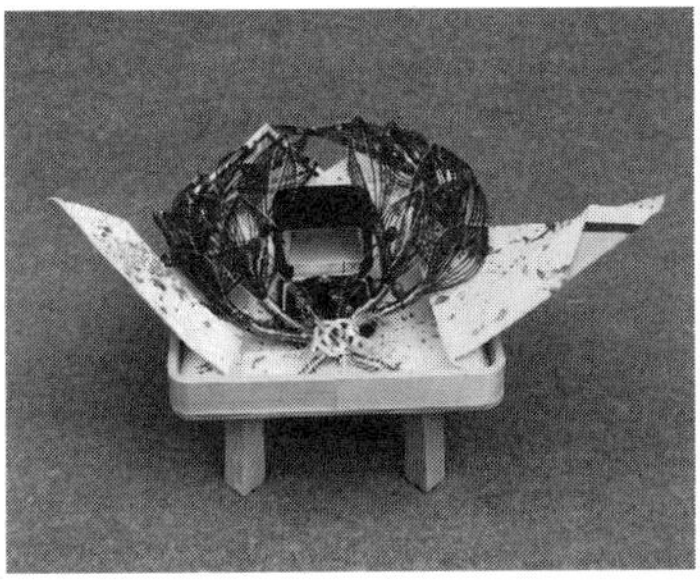
優美和飾り台

高砂人形

が、高砂人形は、ご存じの通り尉《じょう》が熊手を、姥が箒を持っておられます。姥を向かって左に置くことで箒が尉の足元にくるデザインのものもありますが、箒は「悪いものを掃き出す」という意味があり、尉の足元にくるのはおすすめ出来ません。この種のものは、向かって右に姥を置かれることをおすすめします。尉の熊手が姥の足元に来ることは〝福を引き寄せる〟といって縁起の良い形となります。尉と姥の道具は、「お前、百まで（掃くまで）わしゃ九十九まで（くまで）」と覚えていただければよいかと思います。

鶴・亀・松・竹・梅は、床の間の左勝手、右勝手に関係なく、京都では向かって右から、鶴・亀・松・竹・梅と飾ります。

整えていただいたこれらの金品を目録に認《したた》め、家族書、親族書とともに嫁方に納めますが、納められるまで婿方でおよそ五日から一週間程度、その結納飾りを飾り、その結納の品に心をこめます。一生に一度の記念ものでもありますので、写真の一枚でも撮られることをおすすめします。

結納の当日、婿方では、仲人がお見えになれば結納揃をよく確認していただき、結納の目録および家族書、親族書、それに帯地料、柳樽料、松魚料の金封を広蓋にのせ、その上から袱紗をかけます。そして、それを定紋入の風呂敷で包みます（中包は特に必要ありません）。鶴、亀、松、竹、梅等の結納飾りは、すべて箱に納め、これを「縁がつながる」と言われる唐草の風呂敷で包みます。婿方では、仲人に対して、昆布茶程度でおもてなしするか、御神酒という意味で、少々お酒をおすすめすることもあります。ただし、言うまでもありませんが、仲人が車を運転されない場合にかぎります。

仲人は、「○○家のご結納、確かにおあずかりいたしました。只今より、○○家にお納めいたしてまいります」と挨拶し、出発します。祝事ですので、遅れて嫁方に到着しないようにご注意ください。

仲人が出発されましたら、婿方は嫁方に対して「只今、仲人様が当方を出発されました」と電話を入れていただくのが作法です。

嫁方では、およその時間を見計らって玄関や門扉を開け玄関先で仲人を待ちます。本来は嫁方の母親と本人とが出迎えますが、現代的には父親も出迎えてもよく（婿方の父親が結納を持参される場合は、嫁方の父親は必ずお出迎えください）、この折には、どなたも黙礼だけで言葉（挨拶）を交わさず、結納をお飾りいただく部屋まで案内します。

仲人は、部屋に入るとすぐに結納揃を飾ります。嫁方は下座に控えて拝見します。座布団はこの結納時にかぎり、嫁方では前もって並べておく必要はありません。仲人が結納を飾り終えられると、嫁方では仲人の前に、父親、母親そして本人の順に座ります。ただしこの時にはどなたも座布団を敷かないのが正しい作法です。また、仲人はもちろんのこと、両親、本人とも、末廣（扇子）を前に置きます。仲人は定紋入の風呂敷をはずし、広蓋にのせた目録と金封を袱紗をかけたまま嫁方の父親の前に出し、「私は〇〇家の使者として参上いたしました。このたびは〇〇様（嫁の名前）と芽出度《めでたく》ご縁談が調いまして、誠におめでとうございます。本日はお日柄もよろしく、お約束のしるしとして結納を持参いたしました。何卒、幾久敷《いくひさしく》、芽出度、ご受納くださいませ」と挨拶します（この挨拶まで無言のままとり行うのが、全国的な風習です）。

うえ、結構なお結納の品々を頂戴いたしまして、厚く御礼申し上げます。幾久敷、

拝受いたします」と答えます。つづいて仲人は、「どうぞ、おあらためくださいま

せ」と言い添えます。父親は、「拝見させていただきます」と答え、目録、金子、

結納飾りなどに軽く目を通してください。この折に、家族書、親族書もご覧いただ

いていいですし、不明な点は仲人に尋ねます。お目通しになれば、父親は広蓋ごと

別室に持って入ります。母親とご本人は、仲人に座布団をおすすめし、昆布茶等を

お出しします。以前は、引き続き祝膳についていただいたのですが、昨今は、先に

嫁方の受書揃を仲人にお渡しすることが多くなりました。

嫁方でご準備いただく受書揃につきまして、説明します。嫁方では、結納時に次

のような品が儀式物として必要となります。

①結納の受書、②嫁方の家族書と親族書、③ため紙、④うつりの金封（結納金の

一割を封入します）、⑤白木台。

これらの品を前もって準備します。結納の受書は、以前ですと結納当日に受けた結納目録を拝見してから、別室にて認めましたが、最近ではあらかじめ〝目録の写し〟を婿方から頂戴して、当日までに準備しておかれることをおすすめします。

さて、嫁方は頃合を見計らって、準備しておいた受書揃を、今、仲人からおあずかりした婿方の広蓋の上にのせ、袱紗を裏返しにしてかけ、仲人の前に差し出し、挨拶をします。これは父親の役目です。「ただ今お納めくださいました、ご結納の受書でございます。〇〇様によろしくお届けくださいませ」。

結納受書揃

これに対して仲人は、「受書揃、確かにおあずかりいたします」と答えます。この儀式に引き続き、嫁方は祝膳を出し、仲人を慰労・饗応します。また、祝事ですので、仲人にはご祝儀を包み渡してください。

最近、この結納受けの時に、嫁方からの結納〃袴地料〃揃を納められる方がありますが、これは関東地方でのことで、京都ではおすすめ出来ません。また、結納に優美和《ゆびわ》を頂戴したので、婿方に時計やスーツなどを、〃記念品〃と称してこの場でお返しになる方もいらっしゃいますが、これは本来、大阪地方での風習で、京都では、この場でのお返しは特に必要ありません。

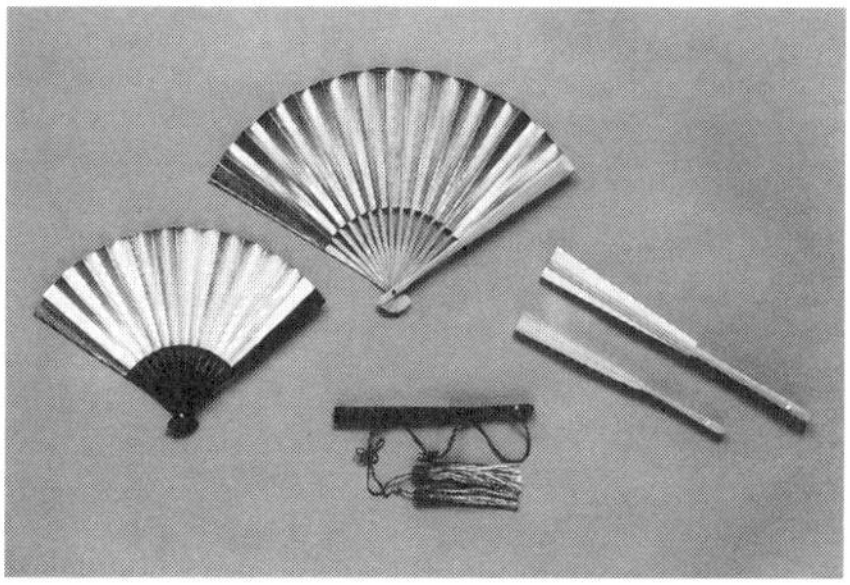
儀式用扇子

仲人は、嫁方からおあずかりした受書揃をもって再び婿方に行き、婿方の父親の前にその受書揃を差し出し、「ただ今、○○家に結納の品を納めてまいりました。これは○○家よりの受書揃でございます。何卒、おあらためくださいませ」と挨拶をします。これに対して父親は、「お役目、誠に有難うございます。受書揃、確かに受納いたします」と挨拶し、結納金の一割が封入された〃うつり〃を仲人に渡します。引き続いて祝膳をお出しする場合もありますが、祝膳を省略して、のし付の金銀、または赤白の水引の金封に、〝御膳料〟と記して渡していただいても決して間違った作法ではありません。婿方も、仲人に御祝儀をお包みします。これで、とどこおりなく結納納めがとり行われたことになります。

最近、自宅以外の場所に集まり結納儀式をされる方もいらっしゃいますが、京都では何かとクリアしなければいけないことがありますので、おすすめいたしません。しかし何かのご都合で、どうしてもホテルや料亭を借りられる場合は、その一室を「嫁方の家」と考える方法や、両家でその一室を利用している、とする場合など、充分に検討されて、ことを運んでください。また〝結納式〟と称して、すべてを取り仕切るところもありますので、念のために書き添えておきます。いずれにしても結納は嫁方の家に納めるのが先様への気配りであることをベースにして話をすすめてください。

結納を納めたあと、ホテルや料亭などで会食されるのは、なんら不都合な方法ではありません。

また、結納時に仲人を立てずに、親御様が結納を納められる場合も最近よく見受けますが、正式には嫁方に対する気配りとして、仲人を立てられることをおすすめします。しかし仲人が昔のように両家の間に入って、結納の形態や挙式の費用分担の件まで、きちっと調整役をなさるのであればその必要性がありますが、表面上の形だけなら、両親らが結納を納められても略式とはいえ、事が運びにくいことはありませんし、現代的には結構、婿方・嫁方の心の交流が出来る利点もあることをあえて書き添えておきます。

荷出し・袴地料納め

むかしは荷納めを婚礼の当日にいたしましたが、現代では挙式のおよそ五日から一週間程前の午前中に、荷出し（荷納め）をするのが一般的です。昨今は、家具は家具屋さんから、電化製品は電気屋さんから、直接運び入れられることもあり、その方法も変化を生じていますが、基本の心と形はなんら変わることはありません。

この荷納め（荷出し）の折に、京都では、袴地料揃を婿方に納めます。袴地料揃とは、嫁方からの結納で、熨斗《のし》、寿恵廣《すえひろ》、袴地料《はかまじりょう》、柳樽《やなぎだる》料《りょう》、松魚料《まつうおりょう》に、それぞれ鶴、亀、松・竹・梅を添えます。この場合のお飾りは、婿方からいただいたものより多少ひかえめにし、紙折は、松葉色（緑色）のものを使用し真新しいものであることを表現します。

袴地料はいただいた帯地料の一割を封入し、柳樽料、松魚料は、およそ一割から半額程度を封入します。結納は「取り交わすこと」をも意味していますので、必ず袴地料揃を嫁方から婿方へ納めていただき、これで結納が

荷出しの図

成立します（婿方の結納時同様、嫁方でも、荷物目録と袴地料揃の目録の写しを、あらかじめ婿方に届けておきます）。

婿方からいただいた結納飾りは、それぞれ鶴飾りをお蒲団に、亀飾りは鏡台に、

松飾りは和箪笥に、竹飾りは洋服箪笥に、梅飾りは整理箪笥に結び付けて荷飾りし、婿方（新所帯）に持参する風習が京都にはあります。結びつけない場合でも箱に入れて持参しておけば、婿方（新所帯）で永く二人の想い出の品として大切に保管して、結婚記念日や十一月二十二日（いい夫婦の日）など、またお正月の飾りのひとつとして、利用することも出来ます。

袴地料揃

近年、結納品の業者が、二人の大切な思い出の品である結納飾りを羽子板に創り変え、〃縁起もの〃として永く保存出来るよう創作し、好評を得ておられます（128頁写真参照）。どうしても処分を考えられる場合は神社などに持参し、火で焚きあげていただくことも出来ますが、せっかくの想い出の品ですのでおすすめいたしません。

さて、荷出しの当日、嫁方では、荷物目録と袴地料揃えの目録を広蓋にのせ、その中央に箪笥の鍵を入れた鍵箱、もしくは鍵袋を置きます（箪笥に鍵がない場合は鍵箱

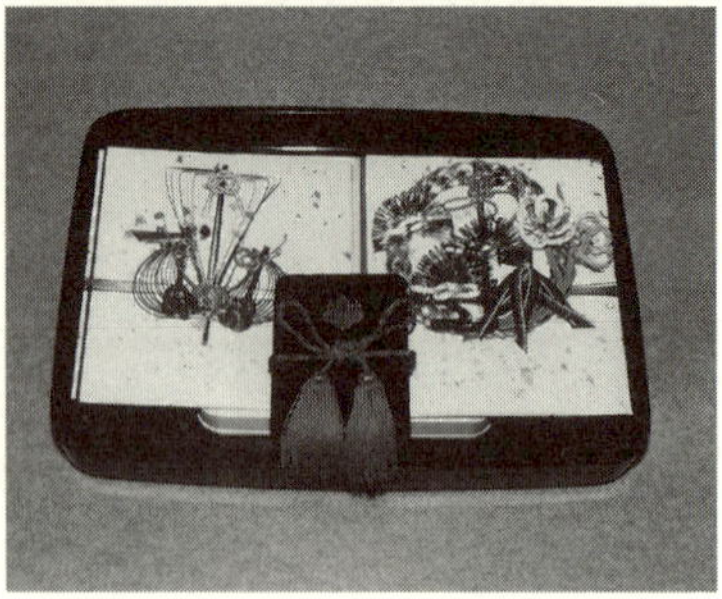

袴地料目録と荷目録に
鍵箱を添えて

鍵袋の必要はありません）。それに袱紗をかけ、定紋入の風呂敷で包みます。鶴亀松竹梅などのお飾りは、箱に納め、唐草模様などの風呂敷で包みます。嫁方の父親がその包みを仲人の前に出し、「本日はお役目有難うございます。荷物、目録の通りでございます。袴地料揃と共に、○○家様によろしくお納め下さいますよう、お願い申し上げます」と口上を述べます。仲人は、「確かにおあずかりいたします。○○家様へお届けさせていただきます」と、挨拶し、荷宰領《にさいりょう》（荷物の責任者で、通常、嫁方の親族がこの役目にあたります）とともに嫁方を出発します。出発に先だち、仲人および荷宰領に、お酒を少々おすすめする場合もありますが、特にお膳は必要ありません。業者の方々には、この時にご祝儀を渡します。

荷納めにはいくつもの方法がありますが、現在行われています一例を記しておきます。

婿方に到着すれば、仲人は広蓋にのせた目録などを持ち、荷宰領は、鏡台か針箱などをもって、無言で婿方の座敷に通ります。荷宰領は、運び入れた荷物の一品を所定のところに置きます。仲人は袴地料揃を床の間に飾り付け、目録を包んだ定紋入りの風呂敷をのけ、袱紗をかけたまま目録（広蓋ごと）を婿方の父親の前に出し、

袴地料および荷物の受書揃

「本日は、お日柄もよろしく、誠におめでとうございます。○○家よりのお荷物と、袴地料揃を持参いたしました。幾久敷《いくひさしく》、芽出度《めでたく》、お納めくださいませ」と、挨拶します。

これに対し、父親は、「仲人様、そして荷宰領様、本日はお役目誠に有難うございます。目録通り、確かにお受けいたします」と挨拶いたします。そして荷物を運び入れます。

荷物が運び入れられましたら婿方は、仲人に荷受書と袴地料の受書、およびため紙と袴地料の一割を封入した〝うつり〟を渡します。引き続き祝膳を出し、仲人、荷宰領をもてなします。以前ですと、荷物持参の運転手さんやお手伝

さんなど、業者の方にも祝膳を出しましたが、現在では祝膳を省略し、ご祝儀と酒肴料などを包んで、渡すことが多くなりました。仲人、荷宰領へのご祝儀も、忘れないようにします。この場合の金封は、のし付の金銀、または赤白の水引のかかったものを使用します。

仲人と荷宰領は、婿方の受書揃を持って、再び嫁方におもむき、荷物および袴地料揃を納めてきたことを報告します。嫁方では、婿方が封入された〝うつり〟(袴地料の一割)を仲人に渡して、お礼を述べます。引き続いて、嫁方でも

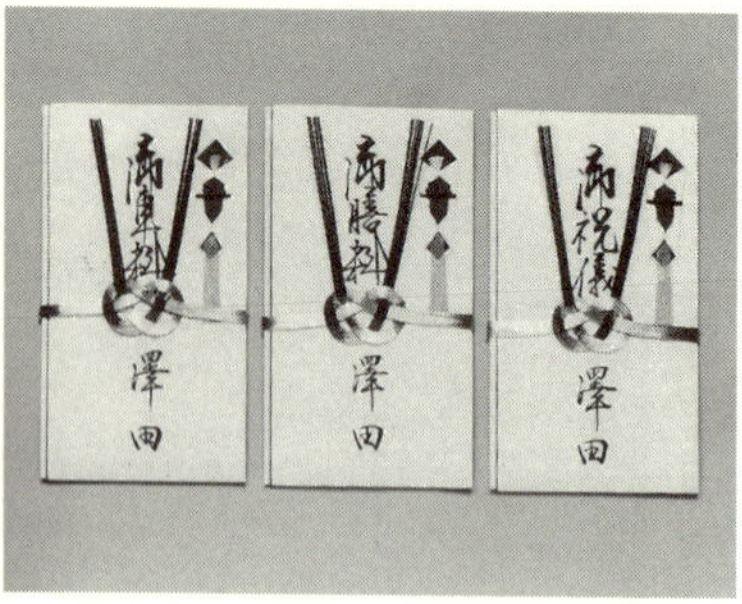

御祝儀・御膳料・御車料

祝膳を出すこともありますが、金銀もしくは赤白の金封に〝御膳料〟と記して、渡してもよいでしょう。〝御祝儀〟につきましては、嫁方も婿方同様、仲人、荷宰領に渡してください。

これで、とどこおりなく〝荷納めの儀〟並びに〝袴地料納めの儀〟がとり行われたことになりますが、説明しましたのは、はじめにも記述しました通り、ほんの一

例ですので、実際には、ご両家、および仲人、荷宰領ともどもも充分に打ち合わせの上、とどこおりなくお運びください。

昨今はこの荷納め・袴地料納めを父親・母親・本人の三人でとり行われることも多く、特に結納時に婿方三人でお納めいただいた場合には、ちょうどバランスがとれた形となり、決して不作法なことではありません。

嫁方の荷出しご準備

お話が前後しましたが、嫁方の荷出しの準備は、たいへん細々《こまごま》としたものが必要ですので、儀式物を中心に表にまとめておきます（次頁参照）。

表にも書きましたように、嫁方は荷出し時に、婿方のご家族やご親族に、それぞれ、おみやげを持参します。一方、婿方から嫁方へのおみやげは、新婚旅行後、花嫁を実家に送りとどける時（三日帰り、ひざのばし、花がえりとも言われています）に、持参します。

お嫁入りご準備品

品揃え	一口メモ
荷目録（白木台付）	目録の宛名は結納目録と同じがよいかと思います。
袴地料揃 のし 末廣 松竹梅飾白木台	嫁方からの結納で結納金の１割程度を封入し、荷物目録とともに婿方にとどけるものです。
（ご家庭用）広蓋	荷物目録および袴地料揃えを納める時に必要なものです。紋は男紋、または無地。
（ご家庭用）袱紗 塩瀬 つづれ織	同上　紋は男紋、または寿紋。
（ご家庭用）風呂敷 白山紬	同上
（お嫁入り用）万寿盆	お嫁さまのお道具の品として必要なものです。 紋は女紋、または無地。
（お嫁入り用）袱紗 塩瀬 つづれ織	同上　紋は女紋、または寿紋。
（お嫁入り用）風呂敷 白山紬	同上
正絹縮緬 正絹風呂敷	お道具のひとつとして２～３枚、是非準備してください。
進物盆セット 台付袱紗	紋は男紋、寿紋、または無地。
免状箱・文庫	女紋を入れるのが正式です。文庫には文房具を入れてください。
鍵箱	荷物目録に添えます。紋は女紋、または無地。
夫婦椀	お正月の雑煮椀のことで、男用女用を１対として持参します。
重箱	本塗の三段重がよいかと思います。
硯箱	三寸五分のものが正式です。
各種文房具	万年筆、便箋、封筒、金封は是非お揃えください。
箪笥敷	和箪笥に是非使用してください。
衣裳用文庫紙	紋やお名前を入れることもできます。
匂い袋	上品な香りが大切なお衣裳を守ります。
念珠・念珠袋	サンゴ、水晶等が多く用いられます。
線香	ご先祖様のお供えに準備してください。
赤白リボン・モス	荷出し、荷飾りに必要です。
人形ケース	高砂人形を入れていきます。
おみやげ	ご両親、ご兄弟、ご姉妹他、隣近所やご親戚の挨拶廻りまで、心配りをご準備ください。

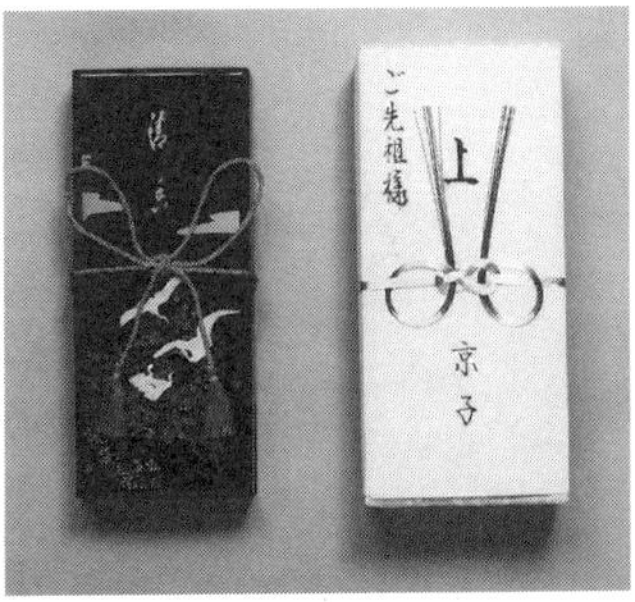

線香

おみやげとは少し意味が異なりますが、花嫁が忘れてはいけない品物に、寿珠（珠数）と線香があります。特に寿珠（珠数）は先様（婿方）の宗旨を聞かれてから整えられることをおすすめします。

近年この折の線香を金銀の水引で結ぶ業者の方がありますが、佛前に金（男性）と銀（女性）で結んだものを供えることは、作法上おすすめできません。双銀もしくは赤白で結ぶのが正しい作法です。たかが水引の色ですが、こんな些細なことを理解することで、本当の作法の心が見えてきます。

結婚式

わが国における結婚の起源は、古く太古の時代、伊弉諾《いざなぎ》、伊弉冉《いざなみ》の二神が八尋殿《やひろでん》を建てられ、夫婦の誓いをされたのがはじまりと伝えられています。そして、鎌倉時代までは、皇族の方々の婚礼を除いて、すべて婿入婚であったということが、わが国の結婚の歴史上、特筆すべきことです。先様に対する気配りからはじまった婿入婚というものが、現代の結納儀礼の心に受け継がれている、と考えていただければその意味が見えてくると思います。また、現代のような神前結婚式が出現するのは明治に入ってからのことで、一般には昭和三十年代頃からであり、それまでは、結婚式と言えば自宅（新郎宅）で行われるものでした。それに、時刻もそのほとんどが夜に行われ、昭和の初期頃までは、京都でも〝花嫁の足元提灯《あしもとちょうちん》〟というものを使用し

祝言の図

ていました。

婚礼の〝婚〟という文字をご覧いただければ、〝昏《たそがれ》〟、すなわち夕暮れの意味をもつ文字で成り立っていることからも、この儀式の意味がよく理解していただけると思います。

結婚式も、時代とともにずいぶんと変化してきましたが、夫婦の契りを結ぶ厳粛な儀式であることに変わりはありません。

結婚式の形式には、結婚式全体の七~八割を占めると言われています〝神前結婚式〟や、荘厳な〝佛前結婚式〟、またロマンチックな雰囲気で若い人たちに人気のある〝キリスト教結婚式〟、そして近年は、宗教性を一切抜きにした新しい形の結婚式や、古くはあたりまえだった人前結婚式が復活したり、また形だけの媒妁人なら不要だ、と媒妁人抜きの結婚式も登場してきました。

昭和初期の人前結婚式

それぞれの式次第はその形式により異なりますし、また、同じ形式でも式場により若干の違いがありますので、式場が決まりましたら、式場の係の方から充分に説明を聞かれることをおすすめします。

いずれにしても、お二人にとって喜ばしく、より多くの人々から祝福を受けられる、意義深い結婚式をとり行われることが最も大切です。

ここでは、式場選びの注意点を少々説明します。式場選びはどうしても表面的なことに眼を奪われがちですが、主役は新郎新婦であっても、お招きしたお客様をおもてなししている、という気配りを忘れないことが肝要です。どういったことがお客様に対して失礼になるのか、また、どうすれば「感動的だった」と言ってもらえるものになるのか、細部にわたって検討されることをおすすめします。昨今、マニュアル化された形ばかりのサービスが目につき、一抹のさみしさを感じるのは、決して私だけではないと思います。

披露宴

現在、披露宴は、結婚式に続いて行われるのが一般的ですが、古くは結婚式の当日ではなく、日をあらためて、自宅（新郎宅）で行うこともありました。また、現代ではずいぶん少なくなりましたが、京都では、新婦の実家でも同じような披露の宴を催すのがあたりまえの時代もありました。

近年、豪華な披露宴が盛んに行われるようになりましたが、本来の意義が薄れつつあるのは残念なことです。

披露宴の善し悪しは、お料理や引出物はいうまでもなく、それ以上にその場のスタッフの気配りに大きく左右されるもので、表面上の形だけのサービス、立ち居振る舞いではなく、真心をこめて対応していただけるかどうかを見きわめることが肝要です。また、感動的な披露宴にするために

色直しの図

は司会者の力も大きく、例えば二人の幼い日の話からゴールインまでの足跡や、二人の両親の感性や考え方など、充分に把握し司会進行をしていただける方を選ばれることをおすすめします。

披露宴は、新しい人生に旅立つ新郎・新婦の結婚を親族、先輩、知人、友人などの方々に報告するとともに、今後の交誼と指導をお願いするのが本義です。お二人の輝かしい門出にふさわしい、心あたたまる宴になるよう留意してください。

◎結婚披露宴の進行例◎

（1）迎賓（ゲスト入場）
（2）司会者開宴の辞
（3）新郎・新婦・媒妁人入場
（4）媒妁人挨拶
（5）主賓挨拶
（6）ウエディングケーキ入刀
（7）乾杯
（8）会食・歓談
（9）祝辞
（10）お色直し
（11）祝辞（余興）
祝電披露
（12）お色直し
キャンドルサービス
（13）親族代表挨拶
（14）花束贈呈
（15）両家代表挨拶
（16）お開き・送賓

京都の披露宴になくてはならない親族代表の挨拶の一例を記しておきます。

◆新婦の伯父の挨拶例◆

私は新婦京子の伯父にあたります　一条　肇と申します

太郎さん　京子ちゃん　本日は本当におめでとうございます　心よりお慶び申し上げます　京子ちゃんと言えば　いつも熊のぬいぐるみを大事にやさしく抱いていた姿が　伯父さんにはまるで昨日のことのように思い出されます　あなたはあの頃から心やさしい人だったのでしょう　まさに　あなたは一条　雅家に咲いた　清らかな　さわやかな花です　そのさわやかな花をこの度　摘み取っていく男性が現れ　正直申しまして少々残念でございます

しかし　このお正月に初めて新郎太郎さんにお目にかかり　京子ちゃんがお嫁に行くというのも仕方ないか　と諦めた次第でございます　太郎さん　京子は私どもにとりましても　大事な大事な宝でございます　どうか京子をよ

ろしくおねがいいたします　三条家のご親族の皆様　どうぞ　京子を温かく見守っていただき　そして　よろしくお導きくださいますよう　伏してお願い申し上げます
太郎さん　京子ちゃん　二人仲良く　いい家庭を作ってください
お幸せに……
失礼いたしました

◆新郎の伯父の挨拶例◆

ただ今ご紹介いただきました　新郎太郎の伯父　三条　幸一でございます
僭越ながら親族を代表いたしまして　ひと言ご挨拶を申し上げます
本日はご多忙のところ　お運びくださいまして新郎新婦はもとより両親もまた私ども親族一同も　心から厚く御礼申し上げます
新郎太郎は　親族の欲目かと存じますが　幼い頃から正義感のある男で　何

事にも前向きに取り組む好青年でございます　一条家のご親族の皆様　どうかご心配なく　必ずや京子さんを幸せにいたします　もし万一京子さんを泣かすようなことがあれば　私ども親族が黙ってはおりません　お気づきの事がございましたら　いつでもお申し出くださいませ

こんなに美しく　さわやかな女性を嫁として迎えることができた太郎は　日本一幸せ者でございます　きっと二人はよき夫婦となり　幸せな家庭を築いてくれることと思います　最後になりましたが　この度　一条家ご一統様と縁を結べましたことは　私ども親族にとりまして　この上のない慶びごとでございます　末長いご交誼をお願い申し上げます

まとまりのないご挨拶となりましたが　お許し願い　これにて結ばせていただきます

この親族代表の挨拶で、披露宴がたいへん感動的なものになる、と言われています。

披露宴でお世話になる方々に〝心づけ〟を包みますが、この折には、金額にかかわらず、簡単な金封に〝御祝儀〟と書いて、お心を渡してください。また知人や友人に受付などをお願いした場合は、〝御礼〟または〝感謝〟などと表書きして、渡されることをおすすめします。

お招きした来賓に〝御車料〟や、遠方からお見えいただく方には〝交通費〟を包むこともあります。ただし、原則として親族には包みません。

披露宴の結びとして、両家代表（婿方の父親）の挨拶の一例を記しておきます。

◆両家代表の挨拶例◆

私は新郎の父　〇〇〇〇でございます　両家を代表いたしまして　ひと言ご挨拶申し上げます

この度　〇〇様ご夫妻のご媒妁によりまして　本日めでたく結婚式をとどこおりなく取り行うことが出来ましたことを　まずは厚く御礼申し上げます

皆々様には　ご多忙中にもかかわりませず　披露の宴にご臨席をいただき
その上　ありがたいお言葉の数々を頂戴いたしまして　新郎新婦はもちろんの
こと　両家、親族一同も深く感激している次第でございます
まだまだ未熟な両名ではございますが　今日からは　真の社会人としてその
第一歩を踏み出そうとしております　何卒今後とも、以前にまして一層のご厚
情　ご指導を賜りますよう　お願い申し上げます　結びといたしまして　皆様
方のご健康とご多幸をお祈り申し上げ　誠に簡単ではございますが　お礼の言
葉とさせていただきます　本当に有難うございました

費用

挙式から披露宴にかかわる費用の分担につきましては、挙式費は両家で折半とし、披露宴の費用は両家からの出席の人数分を支払うとか、男性六に対して女性側が四にするとか、または七対三にするとか、一般にいろいろと言われていますが、特に

床飾りの図

定められたものはありません。古くは男性側がすべて負担する風習もありましたが、現代ではそれも少なくなりました。めでたいことですので、充分に話し合いのうえ、後々しこりが残らないように留意してください。

この折の話し合いでは、自分の考えをただ一方的に主張されるのではなく「このように思っておりますがいかがでしょうか？」と、先様が要望を申し出られるように話されることがポイントです。

昨今、新婚旅行までパックになったものもありますが、後々の記念のためにも、費用の明細をもらっておかれることをおすすめします。

仲人へのお礼

仲人へのお礼は、挙式後、両家で挨拶にお伺いするのが正式です。京都では、両家の母親と本人ともどもお礼にお伺いするのがしきたりとなっていますが、ケースバイケースで考えていただければよいでしょう。

お礼の金額は、一般的に結納金の一割程度が目安だと考えてください。ただし、挙式当日だけの媒妁人はその限りではありません。

一般に結納からすべてを取り行っていただいた仲人には〝うつり〟をお渡ししますが、挙式当日だけの媒酌人には〝お礼〟のみになります。お祝い金をいただいている場合、媒酌人の負担が強くならないよう、お礼の額については両家で充分話し合われることをおすすめします。金封はのし付の金銀の水引のかかったものを使用し、両家連名で贈ります。

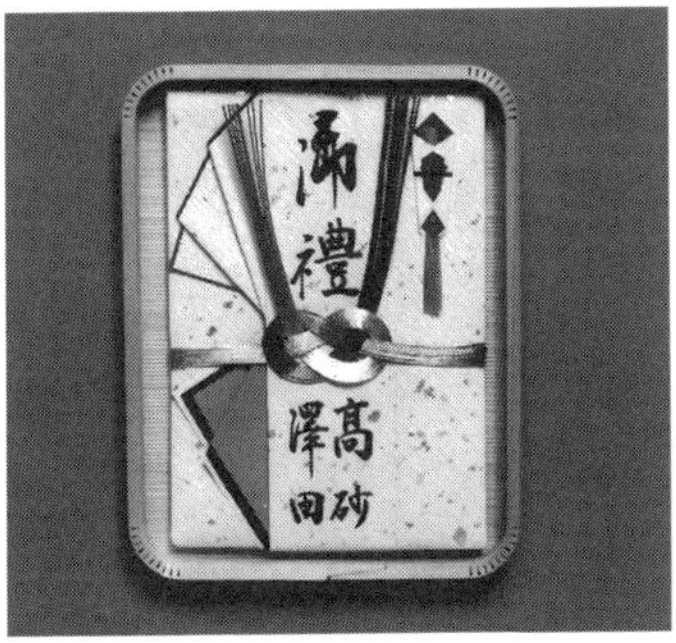

仲人へのお礼

その他、婚礼儀式に関する作法あれこれ

※挙式当日だけの媒酌人（頼まれ仲人）であっても、婿方、嫁方にお祝いをなさるのが正式な作法です。

※引出物と内祝とは、本来、別のものですので、披露宴に招待し、引出物をお渡しした場合は内祝をしなくてもよい、というのは、正しいことではありません。

※結納を辞退したり、荷物を辞退するのは、先様の気持ちを踏みにじるもので、礼儀作法に反しますので留意してください。

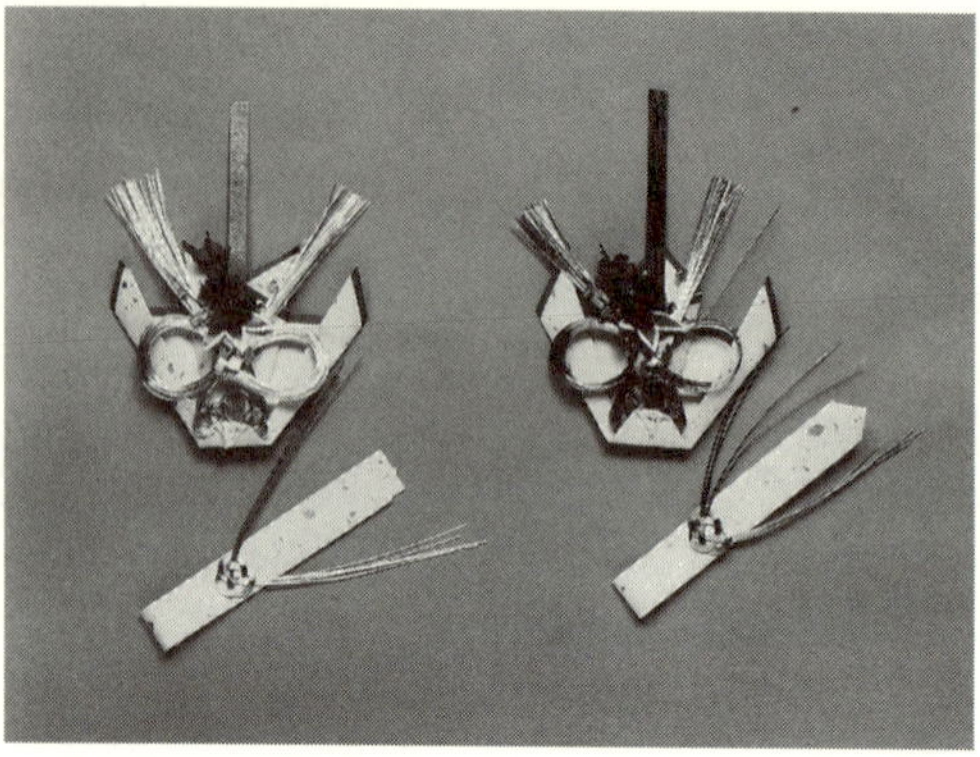

男蝶、女蝶の紙折

※結納飾りを使いまわしすることは、むかしより不吉と言われていますので、大きさや豪華なものにこだわらず、たとえ小さくても、真新しいものを使用されることをおすすめします。

嫁入り門出の図

※結納揃を飾る毛《もう》せんは、結納を納める側（婿方）が準備されることをおすすめします。

※結納を納める側が相手の受書まで準備されるのは、本来正しい作法ではありません。

※結納揃は地方地域により飾り方をはじめ、目録や家族書、親族書の書式もずいぶんと異なります。また家族書や親族書を結納に添えない地方もあります。

※婚姻に関する儀式作法は、婿方嫁方が異なる地方の場合、まずお互いが現在住んでおられる土地のしきたりを熟知し、その上で先様と話し合われることをおすすめします。

※京都の婚姻作法は、先様への気配りと儀式本来の意義を受け継ぎ、人と人とを結び、家と家を継ぐ床しい作法なのです。

※結納からその家の本心が見えてきます。

メモリアル創作羽子板

最近、作法教室などでたびたび承る、よく似た、まったく異なる二つの質問を紹介しておきます。

Q 私ども（嫁方）の本心は、先様（婿方）に、きちっとした結納を納めていただきたいのですが、先様（婿方）が「結納を省略したい」と言われます。私どもの気持ちをどのように、先様にお伝えすればよいのでしょうか？

A 「娘が幼い日から、結納の日を夫婦共々楽しみにしておりました。親族や知人からも『結納が納まれば是非見せてほしい』と言われておりますので、誠に勝手ですが、豪華なものとは申しませんので、きちっとした結納を納めていただきたいのですが……」と申されることをおすすめします。

Q 私ども（婿方）の本心はきちっとした結納を先様（嫁方）に納めたいのですが、先様（嫁方）から「結納を省略してほしい」と言われます。私どもの心をどのように先様にお伝えすればよいのでしょうか？

A 「一生に一度のことでございますし、当方の親族も私ども同様、楽しみにしております。受書などなんのご準備もしていただかなくてもよろしゅうございますので、大仰なことは出来ませんが、きちっとした結納を納めるだけ納めさせていただきたいと思っております……」と申されてはいかがでしょうか。

結納は人々を心豊かにする日本文化であるとともに、その家の本心が見えてくるものだと言われています。

結納が〝あたりまえ〟だった頃、人々は今より、もっと心優しかった、と感じるのは決して私だけではないと思います。

婚礼の儀式作法の結びとして、結納取り交わしの手順を表にしておきます。

結納おさめ（婿方）	①吉日を選び、仲人を介して〃婿方からの結納〃熨斗・寿恵廣・帯地料・優美和・高砂人形・柳樽料・松魚料等に、家族書・親族書を添えて嫁方に納める。	ご準備品 ・結納飾 ・家紋入広蓋 ・家紋入袱紗 ・家紋入風呂敷 ・昆布茶・紅白まんじゅう
結納受け（嫁方）	②床の間・座敷を整理整頓し、慶事にふさわしい掛軸などをかける。 結納の〃受書〃を準備する、金封（うつり）に結納金の一割程度を封入し、ため紙とともに受書・家族書・親族書を仲人に手渡す。 **※この場合の広蓋・袱紗・風呂敷は、先方（婿方）のものを使用する。** 儀式の後、祝膳を出し、仲人を慰労、饗応する。	ご準備品 ・受書揃 （イ）受書 （ロ）金封（うつり） （ハ）ため紙 （ニ）家族書 （ホ）親族書 （ヘ）白木台 ・祝儀袋 ・酒肴・膳部 ・昆布茶・紅白まんじゅう等
受書揃受け（婿方）	③仲人が嫁方の受書揃を婿方へ届け、結納おさめの報告をする。婿方は受書揃を確認して、仲人に一割程度封入の金封（うつり）を贈る。	ご準備品 ・祝儀袋 ・酒肴・膳部もしくは御膳料

袴地料・荷物おさめ（嫁方）

④日をあらためて、吉日を選び、仲人を介して〃嫁方からの結納〃熨斗・寿恵廣・袴地料・柳樽料・松魚料などとともに、荷物目録を婿方へ納める。袴地料は帯地料の一割程度、柳樽料・松魚料は一割から半額程度を封入する。袴地料揃（結納）は、婿方のものより多少控えめにし、同時に鍵箱を添え、この場合の飾りは松葉色のものを使用する。

ご準備品

・袴地料揃
・荷目録
・家紋入広蓋
・家紋入袱紗
・家紋入風呂敷
・鍵箱
・婚礼調度品（荷物一式）
・みやげ品各種
・祝儀袋
・昆布茶・紅白まんじゅう等

袴地料・荷物　受け（婿方）

⑤袴地料および荷物の受け入れ準備をし、床の間には慶事にふさわしい掛軸などをかける。袴地料・荷物の〃受書〃の準備をする。金封（うつり）に袴地料の一割程度を封入し、ため紙とともに受書目録二通（袴地料・荷物）を仲人に手渡す。

※この場合の広蓋・袱紗・風呂敷は、先方（嫁方）のものを使用する。

仲人、荷宰領などの方々に、祝儀および酒肴・膳部を出し饗応する。

ご準備品

・受書揃
（イ）受書（荷物）
（ロ）受書（袴地料）
（ハ）金封（うつり）
（ニ）ため紙
（ホ）白木台
・祝儀袋
・酒肴・膳部
・昆布茶・紅白まんじゅう等

袴地料・荷物　受書揃受け（嫁方）	ご準備品
⑥仲人が婿方の受書揃を嫁方へ届け、袴地料および荷物おさめの報告をする。 嫁方は受書揃を確認して、仲人に一割程度封入の金封（うつり）を贈る。	・祝儀袋 ・酒肴・膳部もしくは御膳料

目録の書式

婿方

茂久録

一、熨斗　壱連
一、寿恵広　壱対
一、帯地料　壱封
一、優美和　壱環
一、高砂人形　壱対
一、柳樽料　壱封
一、松魚料　壱封

以上

右之通り幾久敷芽出度
御受納下され度候也

年　月吉辰

高砂吉雄

澤田鶴蔵様

家族書

父　高砂吉雄
母　幸代
弟　勝雄
妹　洋子
本人　幸弥

以上

親族書

宇治市幸福町　高砂錦蔵
京都市上京区　吉沢弥市
大阪市住吉区　寿海利雄
名古屋市栄区　松竹梅夫
東京都千代田区　大福久寿

以上

嫁　方

御受書

一、熨　斗　壱連
一、寿恵広　壱対
一、帯地料　壱封
一、優美和　壱環
一、高砂人形　壱対
一、柳樽料　壱封
一、松魚料　壱封

以上

右之通り幾久敷芽出度
拝受仕り候也
年　月吉辰

澤田鶴蔵

高砂 吉雄様

家族書

父　澤田鶴蔵
母　舞子
本人　葵

以上

親族書

京都市上京区
澤田信雄
京都市中京区
福寿重行
京都市下京区
蓬莱京介

以上

嫁方

茂久録

一、熨　斗　壱連
一、寿恵広　壱対
一、袴地料　壱封
一、柳樽料　壱封
一、松魚料　壱封

以上

右之通り幾久敷芽出度
御受納下され度候也

年　月吉辰

澤田鶴蔵

高砂 吉雄様

茂久録

一、和　箪　笥　壱棹
一、洋服箪笥　壱棹
一、整理箪笥　壱棹
一、鏡　台　壱面
一、針　箱　壱個
一、美　心　壱台
一、蒲　団　壱式
一、座蒲団　拾帖
一、電化製品　品々
一、繁喜物箱　壱個
一、其の他小道具　壱式

以上

右之通り幾久敷芽出度
御受納下され度候也

年　月吉辰

澤田鶴蔵

高砂 吉雄様

婿方

御受書

一、熨　斗　壱連
一、寿恵広　壱対
一、袴地料　壱封
一、柳樽料　壱封
一、松魚料　壱封

以上

右之通幾久敷芽出度
拝受仕り候也
年　月吉辰

高砂吉雄

澤田鶴蔵様

御受書

一、和簞笥　壱棹
一、洋服簞笥　壱棹
一、整理簞笥　壱棹
一、鏡　台　壱面
一、針　箱　壱個
一、美　心　壱台
一、蒲　団　壱式
一、座蒲団　拾帖
一、電化製品　品々
一、繁喜物箱　壱個
一、其の他小道具　壱式

以上

右之通り幾久敷芽出度
拝受仕り候也
年　月吉辰

高砂吉雄

澤田鶴蔵様

儀礼道具の整え方・用い方（広蓋・袱紗・風呂敷など）

用い方の約束事

人様に金品を差し上げる時に、直接それらの金品を手にしては無作法だということで、盆（広蓋など）にのせるようになり、その盆にのせた金品に塵やほこりがかからないよう、袱紗をかけ、その袱紗を保護するために、道中の覆いとして風呂敷を用いるようになりました。京都では、家庭に欠かすことの出来ない道具として、たいへん重要視されています。

心をこめて作成された大切な道具に、心をこめて大切にする。そしてその大切な道具を使って人様に心を届ける。これが京都人の儀礼道具に対する思いであり美しい感性なのです。

この項では、その儀礼道具について説明します。

広　蓋

広蓋は、本来、衣服などを入れる箱の蓋を、金品をのせる台として用いたものです。現在、広蓋の大きさは、一般的に尺三（約28㎝×40㎝）・尺五（約32㎝×45㎝）・尺六（約34㎝×48㎝）・尺七（約36㎝×52㎝）・尺八（約39㎝×55㎝）の五種類があり、結納時には尺五のものが、結婚祝時には尺三のものが多く用いられていますが、尺三のものを結納時に使用していただいても決して不作法なことではありません。

現在の広蓋はすべて黒漆塗りで、その塗りには、京塗り、輪島塗り、越前塗り、紀州塗り、高岡塗りなどがあります。その中でも、最も美しく、形の良いものは、なんといっても京塗りです。この品はたいへん高価なもので、一年に作製される枚数にもかぎりがあります。堅牢性で整えられる場合は、輪島塗りがおすすめですが、京都ではあまり一般

広蓋

に販売されていません。最近、下地の異なる輪島塗りの偽ものが出廻っておりますので、ご注意ください。形が美しく、実用性で整えられるのなら、越前塗りをおすすめします。ただし、「越前塗りだから、すべて良い」というのではなく、この越前塗りにもさまざまなものがありますので、充分留意してお求めください。

広蓋には、紋入りのものや蒔絵入りのものがありますが、どんなに高価なものであっても、蒔絵入りは略式で、紋入りのものが正式です。その紋入れの技法には、消金仕上げ、磨仕上げ、一号磨仕上げなどがあります。このような伝統的な手描き紋以外に、スクリーン紋と言われる廉価なものが出廻るようになりましたが、使用する時は必ず人様が手にされる道具ですので、確かな品を整えられることをおすすめします（紋を金ではなく銀で入れた場合は、不祝儀時の道具になります）。

そして、広蓋に入れる紋の大きさには、本来、決まりがあり、その一例を記しておきますと、尺三には直径三寸五分（10.5cm）、尺五には三寸八分（11.5cm）の紋を描くのが、最も正式なものです。

硯蓋

尺角（30cmの正方形）のもので、使用方法は広蓋と同じですが、現在ではあまり使用されていません。

万寿盆

内祝のまんじゅう等をお配りする時に使用するもので、八寸角（24cmの正方形）のものが一般的です。現在では、お嫁様の道具としてよく用いられています。

進物盆

長片木《ながへぎ》がちょうどおさまるように作られたもので、出産祝時や仲人にお礼を差し上げる時などに使用します。

切手盆

縦が七寸（約21cm）のものが一般的で、ちょうど金封だけがのせられるように作られています。

袱紗

袱紗《ふくさ》（帛紗とも書く）の起源は古く、平安時代にはすでに使用されていた、と文献に記されています。前にも説明しましたが、贈りものの金品に塵やほこりなどがかからないよう、覆いかぶせたもので、江戸時代中期頃には、裏地をつけた現在と同じようなものが使用されていました。現在用いられている袱紗の大きさは、大（巾約65㎝×丈約70㎝）・中（巾約50㎝×丈約54㎝）・十号（巾約34㎝×丈約37㎝）・小（巾約30㎝×丈約33㎝）・八号（巾約28㎝×丈約30㎝）・六号（巾約20㎝×丈約22㎝）・豆（巾約11.5㎝×丈約13.5㎝）などがありますが、お祝時には十号・小・八号を、結納時には中程度のものを使用していただくのが一般的です。

また、その種類には、本綴（手織つづれ）・本綴式（機械つづれ）・新綴（交織つづれ）・塩瀬（染もの）などがあります。そして、そのいずれのものも、定紋の入ったものが正式です。また、定紋の入った方が表で、柄物《がらもの》袱紗の柄（絵模様）の方は裏となります。

塩瀬袱紗

小袱紗

袱紗の中には、小袱紗《こぶくさ》という種類があります。通常、単衣で、大きさは中巾（約47㎝×45㎝）のものが一般的です。これは、切手盆を包んだり、金封をそのまま包んで持参する時に使用するもので、縮緬《ちりめん》素材のものが多く用いられています。通常、この品には定紋をつけません。

小袱紗

風呂敷

風呂敷がいつ頃から使用されるようになったか、定かな記録はありませんが、奈良時代にはすでに使用されていた、と伝えられています。ただし風呂敷という言葉が生まれたのは江戸時代になってからで、その語源は風呂場で使用したからだと言われています。しかし「贈り物を運ぶ途中で、ほこりなどがかからないように」という、そんな床しい気配りが、今日まで受け継がれてきたこともまた事実で、現代においても私たちの生活になくてはならないもののひとつであり、その利便性が今また盛んに見直されています。

白山紬風呂敷

素材にはいろいろなものがありますが、儀式物としては白山紬が多く用いられています。大きさは三巾（約105 cm）・二四巾（約90 cm）・二巾（約70 cm）の三種類が通常使用するもので、定紋と名前（姓）を入れます。

その他、結納飾りを包むブロードの風呂敷、また縮緬素材の柄物や無地のものも、進物時の形よい床しい風呂敷として、よく用いられています。

以上、儀式物の道具の種類につきましては理解していただけたことと思いますが、定紋を入れる品々には、それぞれ男用、女用の区別があります。男用とは、一般にご家庭用とも言われ、結納および荷出し時の使用をはじめとして、家庭からのご贈答には必ず男用（ご家庭用）を使用いたします。女用は、女性の方個人からの贈答時に使用していただくものです。

結婚祝を例にとり説明しますと、先様が婿方であっても嫁方であっても、それには関係なく、家庭からのお祝いなら男用（ご家庭用）を使用し、女性の方個人からのお祝いなら女用を使用します。たとえ、女性の方がお祝いを先様にお届けになっても、家からのお祝いであれば男用を使用します。このような説明で、理解していただけたでしょうか……。どうか、おまちがいのないようにしてください。

では次に、どのようなものが男用（ご家庭用）で、また、どのようなものが女用か、説明しておきます。

広蓋、袱紗、風呂敷ともに大きさや形には関係なく、男紋、いわゆる家紋（丸付紋が大半で、丸に剣片喰、丸に違い鷹羽等が代表的なものです）を入れたものが男用で、女紋（丸なしのものでその代表には、五三の桐があります）を入れたものが女用です。

袱紗、風呂敷の色目は、男用は、藍色、深緑色が一般的で、女用は、赤朱色、えんじ、紫色等がよく用いられます。

新しく整える場合は、紋にも充分留意してください。現在、紋帳などに記されている紋だけでも、数千種類のものがあり、たとえば、「丸に三つ柏」といっても、本式と略式のものがあります。また、同じ名称でも異なる紋があります。特に柏、蔦、梅鉢、藤などには、注意してください。

代表的な定紋

〈女　紋〉

五三の桐

桔　梗

揚羽蝶

下り藤

蔦

〈男　紋〉

丸に剣片喰

丸に違い鷹羽

丸に隅立四ツ目

丸に橘

丸に木瓜

蛇足ですが、着物に入れる紋も、地方により約束事が異なりますので留意してください。京都では、女性の着物に男紋を入れるということはありません。

台付袱紗

本来、切手盆に金封をのせ、その上から、豆袱紗をかけ、中巾の小袱紗で包んで贈っていたものを簡略化したものが、台付袱紗です。関東地方を中心に広まり、現在では京都でも用いられるようになりました。慶弔両方に使用出来るよう、台の一面が朱色、もう一面がグレーになっています。一般的なお祝い時に、またいわゆる〝御香典〟を包まれる折に用いられます。最近、この台付袱紗に代わるものとして〝折袱紗〟というものも登場してきました。使い方によってはたいへん便利なものです。

この項で説明しました道具につきましては、地方によりずいぶんと差異があります。整えられる折には、信頼出来る専門家に相談されることをおすすめします。

台付袱紗

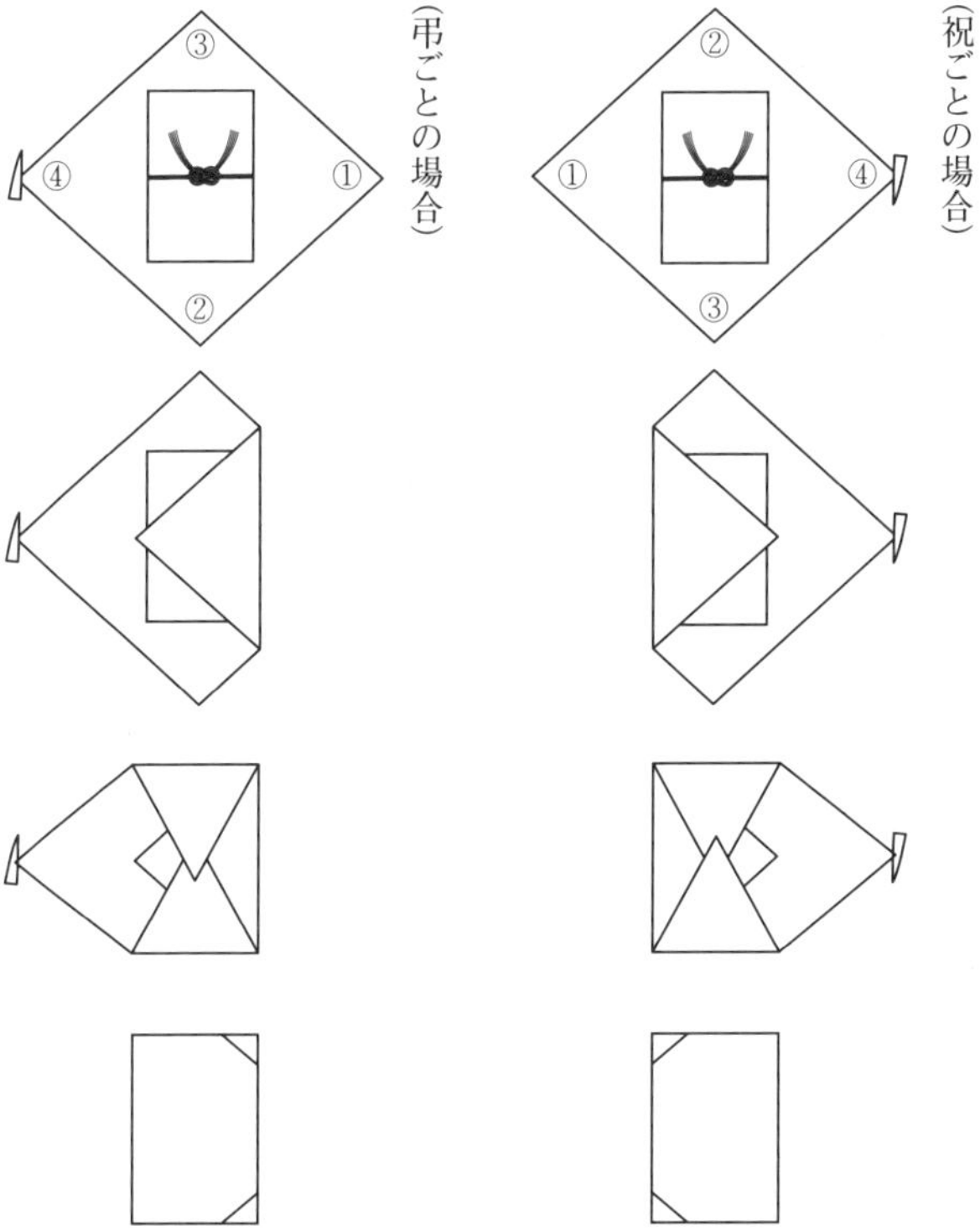

台付袱紗（小袱紗）の包み方

結婚祝

熨斗・寿恵廣と片木台祝目録

京都の儀式作法の中で最も気配りを要するのは、結納時の儀式作法と、この項で説明しますます結婚祝時の儀式作法ではないでしょうか。各方面で開講させていただいておりますます儀式作法教室でも、この種の質問が最も多く、皆様方の関心の深さの程がよくわかります。先様に無礼、失礼にならないよう、気配りをなさることほど美しいことはありません。他の地方から京都へお見えの方には、「たいへん面倒で大仰なことだ」と思われるかもしれませんが、暮しの作法の最も大切な儀式ごとですので、そこはやはり京都に伝わる、心を形に表す時の無駄の大切さ、重要さを充分理解していただかなければなりません。

それでは、京都における結婚祝時の儀式作法につきまして、説明いたします。

お祝いは、中身が大切だからといって、お金を裸のままで渡される方はいらっしゃらないでしょうし、また、包めばいいといって、黄と白の水引のかかったものにお金を封入して贈る人も、決していらっしゃらないと思います。しかしながら、時々、赤白の水引のもので、結婚祝を贈られる方をお見受けします。赤白の水引は出産祝や新築祝等に使用するものですので、結婚祝には男性と女性を表現した金銀の水引のかかったものを使用します（戦前までは紅白〈「水引」の項（16頁）参照〉の水引のものを使用していました）。ただし、金銀の水引のものに包んでお贈りすれば、ただそれだけでよいのかと言いますとそうではなく、京都では先様が、ご親類、ご近所、お友達にかかわらず、お祝いは必ず熨斗《のし》、寿恵廣《すえひろ》をつけ、これを白木台（片木台《へぎだい》）にのせて贈ります。もちろん、現金でも品物の場合でも、同様です。

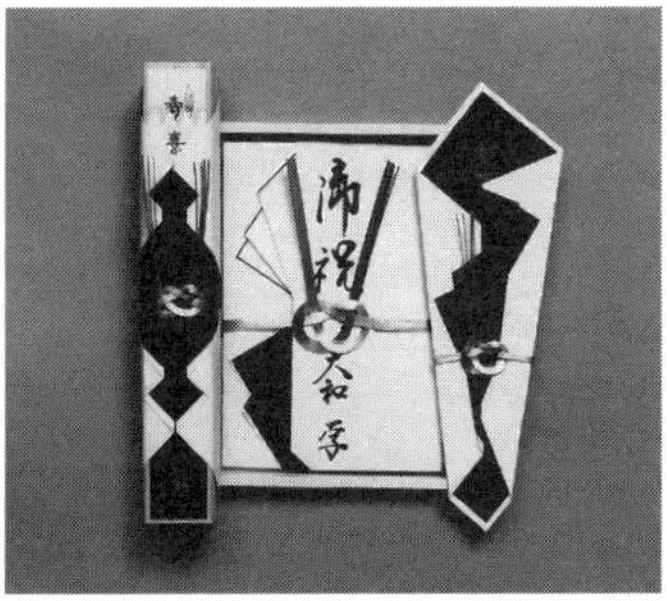

結婚祝セット

熨斗は長寿を祈り、寿恵廣は益々発展されることを祈るもので、これがお祝いの意義であり、心なのです。本来この熨斗と寿恵廣を贈ることが結婚祝であり、後世お金を熨斗・寿恵廣に添えるようになったことを理解していただきたいと思います。

式場に持参する場合、熨斗、寿恵廣は荷物になるとおっしゃる方がありますが、京都では、先様の家にお伺いすることが正式な作法であり、式場に直接お祝いを持参することは非礼であり、無作法なことなのです。この点、充分心得てください。と言いましても実際には職場や会場で渡されることもあるかと思います。その場合も必ず、金銀の水引で、この折はのし付きの金封を使用します。

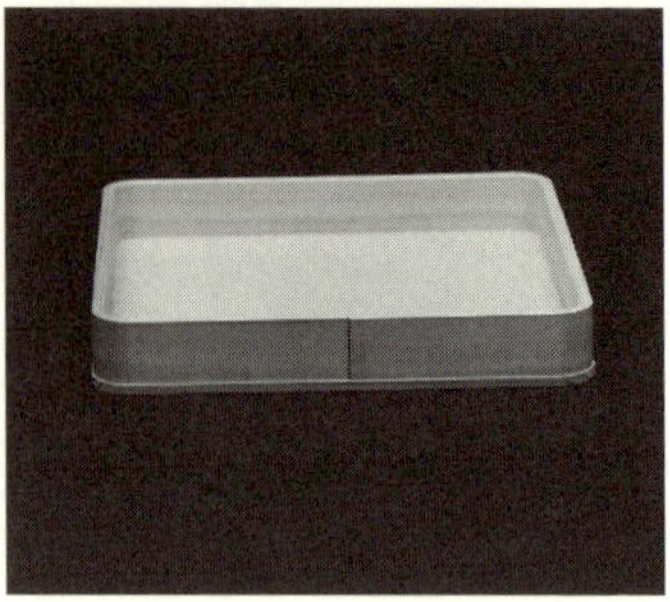
片木台

それでは、出来るだけ具体的に説明していきます。結納用品店などに行きますと、お祝金の額により、各種の結婚祝セットがあります。お祝金いくらで、必ずそのセットと考える必要はありませんが、お祝をいただかれた家では、そのお祝物を床の間の前に飾る風習が京都にありますので、おおよその釣り合いがとれたセットを、選ばれることをおすすめします。

最近、京都の一部の販売店で、男用と称した松葉色（緑色）の金封を見かけますが、これは大阪地方や奈良地方で使用されるもので、京都では、金封等に男用、女

各種結婚祝セット

用の区別はありません。表書きは〝ご結婚〟と記す必要はなく、ただ〝御祝〟と書きます。下には、姓だけではなく名も記す方が正式です。また、この種の金封には必ず中包みがあり、その表には〝寿〟と書き、裏は〆を記します。中包みの表に、金額を書く場合は、左下に控え目に書いてください。中包みの表に、大きく金額を記す方がいらっしゃいますが、奥床しさに欠け、また古くは金額を書き入れなかったこともあり、あまりおすすめしません。また、〆の部分に〝寿〟の文字を書かれる方がいらっしゃいますが、先様がお金をとり出される時に、その〝寿〟の文字が切れてしまいます

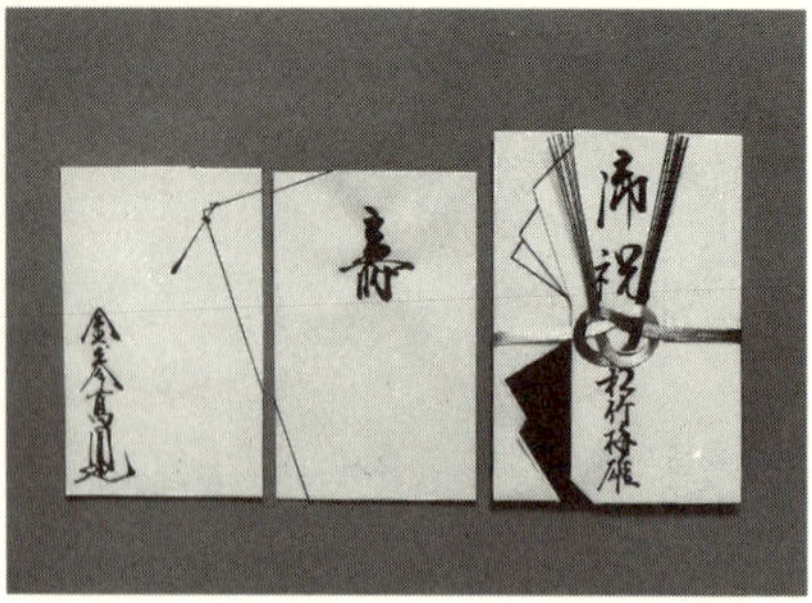

金封の書き方

ので、これもおすすめできません。お金の入れ方ですが、お札の肖像のお顔が上を向くように入れます。糊封は軽くしていただくのが作法です。

連名でお祝いされる場合は、三名様程度にとどめます。それ以上の連名は先様に失礼にもなりますので、特別の事情がないかぎりなさらないよう、心得てください。

亀岡地方では、熨斗、寿恵廣以外に風呂敷を添えて贈りますし、宇治田原地方では、〃祝半紙〃というものを添えて贈る風習があります。

京都では、最もていねいに贈る場合は、お祝いの金額に関係なく〃祝目録〃を添え、贈呈の品名などを記します。お金で贈られる場合、婿方には〃松魚〃と記し、嫁方には〃五福〃と記します。品物で贈られる場合は、その品物名、例えば〃鏡台一面〃というように、書き認《したた》めます。この祝目録は、永く先様の記念の品として残りますので添えられることをおすすめします。事実、宇

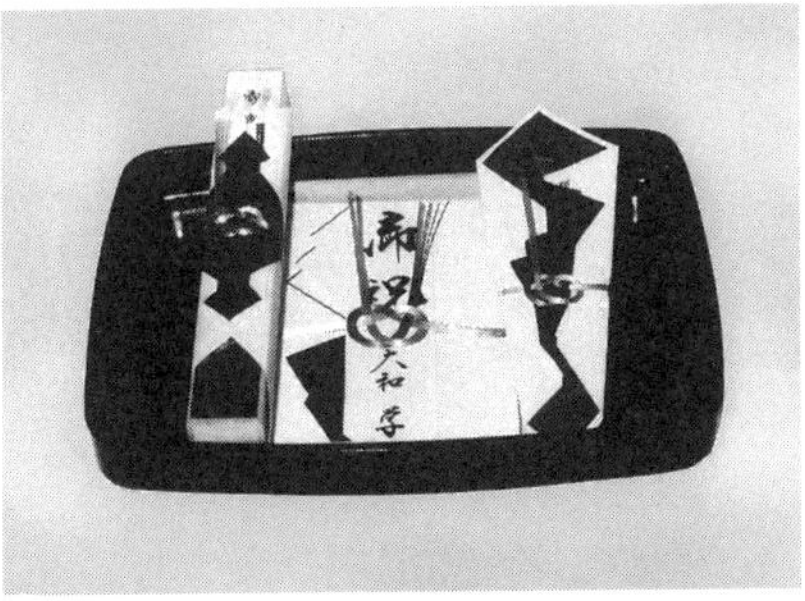

広蓋にのせたお祝い

治・城陽地方でも、京都市内同様添えられる方が年々多くなってきました。

さて、お祝揃えが準備できましたら、現金、品物のいかんにかかわらず、定紋入りの広蓋（漆器物）にお祝いの品をのせ、その上から袱紗をかけます。この時、袱紗は、必ず定紋を表にしてください。次に、これを定紋入りの風呂敷で平包みにします。包み方は、まず名前のところを折り、次に向かって左、右と折り重ねます。そして、最後に定紋が表（中央）になるように包んでください。「内包みや外包みが必要」などとおっしゃる方がありますが、作法上は、特にその必要はありません。ただ、遠方へ持参される場合には、外包みをされても良いかと思います。

お祝いを持参する時期は、挙式のおよそ一か月程前から、荷出し、荷受けの前日までの、大安・友引・先勝の午前中が作法です。これは、良き日の午前中だけの拘束で、お昼からはお出かけいただけるように、との先様に対する気配

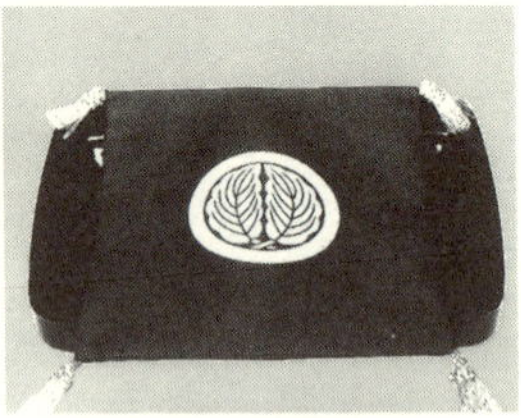
定紋を表にして
袱紗をかける

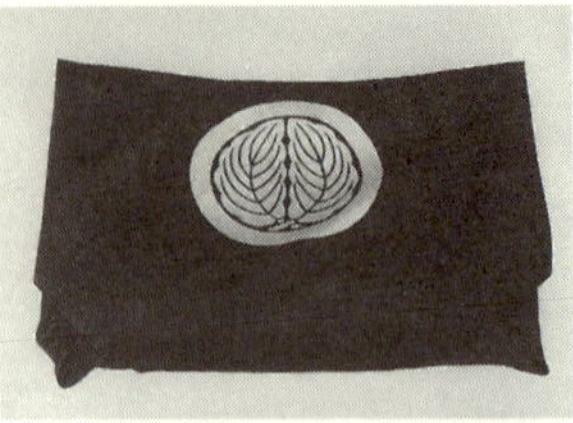
定紋入りの風呂敷で
平包みする

りなのです。

先様宅では、まず風呂敷をはずして、袱紗をかけたまま差し出しますが、玄関で渡す場合や、品物によっては、風呂敷に包んだまま渡してもよいことになっています。広蓋、袱紗、風呂敷には、男用（お家用）、女用の区別があります（「儀礼道具の整え方・用い方」の項〈138頁より〉を参照してください）。

お祝いを受けた側では、必ず、いただいたお祝金（品物の場合は相当する金額）の一割を金封に封入し、ため紙（夫婦紙ともいう。160頁写真参照）とともに、今おあずかりした広蓋にのせます。そして袱紗を裏がえしにして、お祝いを持参してくださった方にお返しします。この作法を〝うつり〟といい、これは縁が移るように、また今後とも、行末永く交際が深まっていきますように、という意味があります。

最近、京都の一部の地域で、「虚礼廃止」、「簡素化」の名のもとに、この〝うつり〟をされないところがありますが、床しさに欠けるように思われてなりませんし、不評をよく耳にします。儀式作法は、社会的承認、共感がなければ成立するものではありません。〝うつり〟の作法は、人と人とのつながりを大切にする京都人の知恵であり、決して虚礼ではありません。

次に、たいへんよく質問を受けます〝うつり〟のあとの処理について説明しておきます。お祝いをした時にいただいた〝うつり〟はそのままにしておき、内祝を持って来られた折に、それをそっくりお返しするという誤ったことが最近広まっています。しかし、これは一部の専門店が商業主義的に言いだしたことが、一般消費者の方々に誤って伝わったものであり、本来、結婚の内祝を受けとった時には、決して半紙（ため紙）を入れてはいけません。

半紙を入れるということは、「またください」という意味で、二度あってはいけない結婚の内祝に半紙を入れないという作法は理解していただけると思います。このように説明すれば、「ではなぜ、結婚祝時には、夫婦紙と称して半紙を入れるのか」、と反論される方もいらっしゃるかもしれませんが、結婚祝は、京都では結婚

茂久録
一、熨斗　壹連
一、寿恵廣　壹對
一、松魚　壹封
以上
右之通り幾久敷芽出度
御受納下され度候也
年　月吉辰
松竹梅雄
高砂 吉雄様

婿方への祝目録

されるご本人だけへのお祝いではなく、喜びごとのある家庭にお祝いをしているのです。お祝いをいただいた家では、また喜びごとがあればお祝いください、ご交際ください、という意味で結婚祝時に〝うつり〟を入れるのです。結婚の内祝は、本来、結婚されたご本人個人のものと、古来から京都では考えられてきました。

　では、結婚の内祝をいただいた時には、どうすればよいのでしょう。本来の作法からいえば、内祝を頂戴したあと、内祝の品がのせられた万寿盆や広蓋の上に、小さな熨斗を一連入れるか、赤白または金銀の水引を一本入れてお返しするのが正しい作法です。しかしながら、先程も説明しましたように、〝ため紙とうつり（現金）〟がそのまま返ってくると思い込んでおられる方も大勢いらっしゃいますので、うつり（現金）は、そのまま別の金封に入れかえてお渡しするのもよいかと思い

茂久録

一、熨斗　壹連

一、寿恵廣　壹對

一、五　福　壹封

以上

右之通り幾久敷芽出度
御受納下され度候也

年　月吉辰

松竹梅雄

澤田鶴蔵様

嫁方への祝目録

ますし、ある意味では現代的な作法です。ただ、何度も繰り返しますが、半紙は決して入れないよう、留意してください。この件につきましては、今後とも各方面の儀式作法教室を通じて充分に説明しなければ、と思っています。

「お祝いにいただいた熨斗、寿恵廣はもう一度使用してもよいですか」、という質問もよく承りますので、説明しておきます。

紙折の色などが変色していなければ、そして熨斗、寿恵廣、それに金封の紙などが異質なものにならないように充分注意されたうえであれば、京のしまつ（倹約）ということで使用していただいてもよいかと思います。ただし、「古いものほど良い」と伝わっていますが、これは誤りで、やはり古くなったものは、避けられるのが作法です。新札のお金を封入す

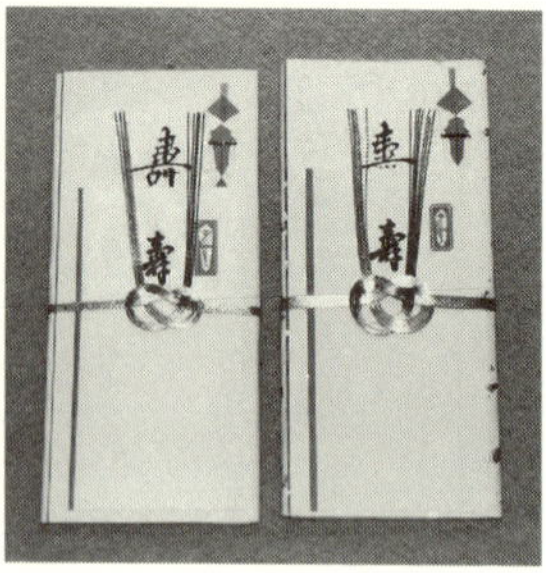

金銀のため紙（夫婦紙）

内祝の折に渡す飾り熨斗と小さな熨斗

るのと同じく、新鮮なものをお納めするのがお祝いの心だと理解してください。

お祝金の相場などについて時々、質問を承りますが、おつき合いの度合いや、各家々の考え方などがありますので、このような書物で金額の相場を説明することは出来ません。また、本来作法とはお金の額そのものにこだわることではなくて、その人の心をどう形として表現するかが大切なことと理解してください。

また二万円のお祝をしてはいけないか、との質問がありますが、二は一対に通じる、花婿、花嫁二人で一対という考え方がありますので二万円のお祝は決していけないことはありません。一般には一万円、三万円、五万円、七万円、十万円で、やはり四万円、六万円、八万円は避けられた方が賢明です。

◆「結婚祝」を持参した時の挨拶例◆

このたびは○○様（当人）には良きご縁がお決まりになり　誠におめでとうございます

心よりお喜び申し上げます

本日はお日柄もよろしゅうございますので※心ばかりのお祝を持参いたしました　何卒お納めくださいませ

※の箇所を〝ささやかながら〟〝形ばかりの〟〝塵を結んだような〟などと表現することもあります。

◆「結婚祝」拝受時の挨拶例◆

ご丁寧なるご挨拶　誠に恐れ入ります　お心　有難く頂戴いたします

どうぞしばらくこちらでお待ちくださいませ

お道具お預かりいたします

只今は過分なるお祝いを頂戴いたしまして誠に有難うございます

※（本人共　相談いたしまして　何か記念になる品を購入させていただき）

〇〇様のお心を末永く大事にさせていただきます

※品物の場合は（　　）の部分を省略

何分にも解らない事ばかりでございますので　これからも何かとお力添えご助言くださいますようお願い申しあげます

本日は私どものために（遠路）わざわざお運びいただき誠に有難うございました

ご主人様にも　くれぐれも　よろしくお伝えください

〈第四章〉

祭

季節の行事とその歴史

正月の行事と作法
祭の意味・由来
残しておきたい神事

季節の行事とその歴史

ひと口に〝お祭り〟と言いましてもさまざまなものがあり、イベントや個人的なものは別にして、大きく〝春〟と〝夏〟と〝秋〟のお祭りに分類することが出来ます。

〝春〟のお祭りは、秋の実りある収穫を祈り願って行われることが多く、〝夏〟は、祇園祭に代表されるように、「疫病退散」のために行われます。〝秋〟のお祭りは神への感謝の心でとり行う、すなわち〝収穫祭〟という意味合いのものがほとんどです。

お祭りは神様のご降臨を〝お待《ま》ち〟し、神様を崇《あが》め〝奉《たてまつ》る〟というのが語源で、そのいずれのものも、人々が心おだやかに無病息災に家内安全に暮らせるために祈り願うものです。

人々のそんな幸せが、社会を形成するうえで最も大切なものと発想した古代人の感性を、私たちは今一度考えてみる必要があるのではないでしょうか。

それはさておき、ここでは神社参拝の作法を説明します。

神社では、まず〝手水《てみず》（〝ちょうず〟ともいう）の儀〟といって、手を洗い、口をすすいで心身を清めます。次に神前に向かいますが、参道の中央は〝正中《せいちゅう》〟といって神様の道ですので、中央は避けて歩むのが作法です。神前では、まず、お賽銭《さいせん》を納めます。お賽銭とは、神様に祈願するための真心の表現です。鈴をならし、その鈴の清らかな音で神様をお招きいたします。そして二礼（拝）二拍（柏手《かしわで》）一礼（拝）という作法をします。二度お辞儀をして敬意を表し、二度手を打ちならし、神様の降臨を喜び、そして祈願し、もう一度深くお辞儀をするのが、一般的な神前での作法です。

伝統的な拝礼作法には〝八度拝八開手《はちどはいやひらで》〟といって、八回お辞儀をし、八度柏手を打つ作法や、四度柏手を打つといった作法もありますので、書き添えておきます。
作法は形も大切ですが、まずは心を込めるということが第一義だと、充分に心得てください。

正月

私たちの祖先は、元旦になると高い山のかなたから新しい年（歳）の神様がお見えになり、各家庭にその年の幸せを授けてくださると信じてきました。これがすなわち〝歳神様《としがみさま》〟で、この歳神様を〝お正月様〟ともいい、ありがたい神様としてお迎えしたのです。

私たちが、現在行っているお正月の行事は、すべてこの〝歳神様〟を迎えるためのものと考えていただければいいでしょう。

そして、そのお正月の行事作法の数々は、人として心を正すためにあり、また人と人とが仲睦まじく過ごすために、暮らしの知恵として編み出されました。そんなところからお正月のことを〝睦月《むつき》〟ともいうのです。
ここからは、そのお正月の主な行事と作法を説明します。

門松

京都の門松は〝根引松《ねびきまつ》〟といって、暮らしの中ではあまり大きなものでありませんが、いずれのものも意味は同じで、神様の依り代《よりしろ》、すなわち歳神様をお迎えするためのアンテナと考えていただければよいのです。

ではその歳神様はいつ、私たちのもとにお見えになるのでしょうか。

それは卯《う》の刻《こく》（午前六時）、日の出とともにご降臨されます。その準備のため、寅の刻（午前四時）から若水《わかみず》を汲み上げ、お雑煮を作りはじめるのが良いとされています。

門松（根引松）

しめ縄

しめ縄

しめ縄の意味には大別すると二種類あり、そのひとつは藁《わら》を捻《よ》って作る〝大根注連《しめ》〟や〝牛蒡《ごぼう》注連《しめ》〟、それに結んで輪にした〝輪飾《わかざ》り〟と言われるものがあり、これらは門松同様、神様の依り代です。

一方、〝一文字〟と呼ばれる、一本の藁縄で一定間隔ごとに藁の切り下げを垂らしたしめ縄は、悪いもの（邪気・邪鬼）が入り込まないために張りめぐらすものです。

いずれのしめ縄も、和紙（奉書紙・杉原紙・半紙）で包《くる》んだり、紙垂《しで》御幣を取り付けたりすることが大切です。

最近、しめ縄は玄関だけという家庭も少なくありませんが、少し前までは玄関はもとより各部屋、風呂や手洗、それに自動車や自転車、三輪車にいたるまで、しめ縄を取り付けて神様のご加護をいただくのが京都のあたりまえでした。

鏡餅

鏡餅は私たちの魂をお供えするもので、その鏡餅に神様が宿られ、私たちに新たな力を与えてくださると言い伝えられてきました。京都では親しみをこめて、〃お鏡さん〃と呼びます。

このお鏡さんも、家庭によって、また地方・地域によってもずいぶんと異なりますし、どれが正しく、どれが誤りだというものではありません。しかしながら京都のものは原則として、三方《さんぼう》は使用せず、鏡餅台（鏡台《かがみだい》）に白い和紙を敷きます。折り重ねる場合は、着物の着せ方と同じように、必ず向

鏡餅

かって右が上にくるようにします。その上に〃裏白《うらじろ》〃を敷きます。裏白は〃穂長《ほなが》〃とも言われ、長命の象徴であり、文字通り裏が白く、心の清浄さをも表現しています。また、添えられる〃ゆずり葉〃は、古い葉が落ちて新しい若葉が生育するもので、「次の世代に譲る」といって用いられます。それに主役の鏡餅ですが、陰と陽・月と日（太陽）を表現した二重《ふたがさ》ねが京都風ですが、家庭によっては三重にされることもあり、これも間違いではありません。

星つきさん

その他、「よろこぶ」ということで昆布を垂らします。昆布は「子生婦《こんぶ》」とも書き記し、たいへん縁起のよいお正月にふさわしいもので、黒い色のものをおすすめします。黒い昆布と白いお餅との取り合わせにも意味があり、古来、黒と白がめでたき神事にふさわしい色だったことに由来します。その昆布の上に古老柿《ころ》（干柿）を置きますが、左右に二個ずつ、中央に六個つけられたものがよく、これは、「外はにこにこ、内睦《なかむつ》まじく」という意味であり、にこにことは〃和々〃と書き平安のむかしから使われていた言葉です。そして最上に橙《だいだい》をのせます。もともと、柑橘類は〝不老長寿の実〟とも言われ、また「代々繁栄するように」と願いをこめて飾ります。

このお鏡さんをミニチュア化した京都独特の〝星つきさん〟と言われるものがあり、各部屋や台所、風呂、手洗、それに仕事場などに飾ります。

雑煮とお節料理

雑煮もお節料理も、本来は歳神様（お正月様）にお供えするもので、その撤饌《てっせん》（おさがり）を頂戴するという心が大切です。

京風のお雑煮は、白味噌に丸餅で鏡大根や頭芋や子芋、家庭によっては焼き豆腐や人参などが入れられます。

お節料理の三種と言えば、関東では「豆《まめ》に数々《かずかず》田《た》を作る」といって〝黒豆〟〝数の子〟〝ごまめ（田作り）〟ですが、京都では〝数の子〟〝ごまめ〟〝たたき牛蒡〟

で、たたき牛蒡は地中にしっかり根をおろし、家庭の基礎固めをするものと言われています。

また、〝三種の神器〟というものがあり、必ず元旦に食するようにと言われました。その三種とは、勾玉を表した〝くわい〟、剣《つるぎ》を表した〝たたき牛蒡〟、鏡を表した〝鏡大根〟です。いずれにしても、家内安全と隆盛を願い祈って食するものばかりです。

雑煮

雑煮椀と重箱

雑煮椀は食初め膳同様、男性用が赤く、金色または黒色で家紋を入れ、女性用は内が赤く外が黒いもので、銀色で女紋を入れます。

重箱にも雑煮椀と同じように、〝男重箱〟と〝女重箱〟というものがありますが、男重箱には男性が食するものを、女重箱には女性が食するものを入れるということではありませんので、誤解のないように書き添えておきます。

柳箸

お正月は日頃使っている箸ではなく、柳の木で作った〝柳箸〟を使用するのが正式です。

柳箸は両方削ってあるものを用い、一方を自分が食するために使用し、もう一方は神様に食していただくもの、つまり神様と共食するためのものです。両方を私たちが使用するということはありません。

では、なぜ柳箸かといえば、柳の木は白く、最も神様が好む清浄な色であるとともに、たいへん丈夫で折れず〝神の木〟とも言われること、また〝柳〟の文字を分解すれば木偏に卯となり、卯は東を表し、東は神の

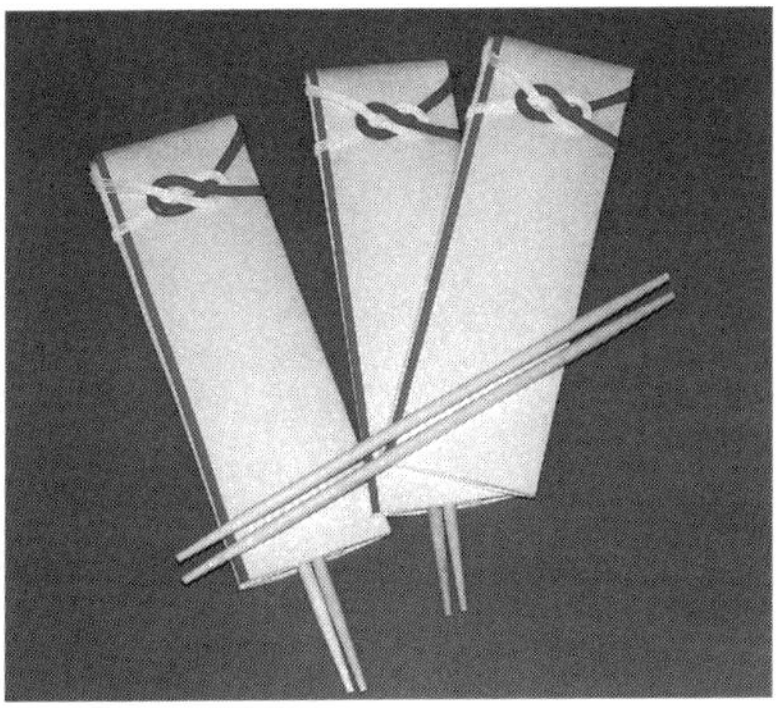
柳箸

おられるところと考えられているためです。

京都では、この柳箸を三が日洗ってはいけないと言い伝えられていますが、これは「神様とともに食した縁起の良いものを洗ってしまっては、あまりにも、もったいない（畏れ多い）」という意味から言い出されたことです。

ところでお正月三が日ですが、現在三が日といえば、元日と二日と三日の三日間が三が日と考えられ、また辞書にもそのように記されていますが、本来、元日は〝元三日《がんさんにち》〟とも呼ばれ、元日だけを指して言ったもので、作法流派の伝書の中にも、〝年の初め〟〝月の初め〟〝日の初め〟を表すと書かれています。後世、誤り伝えられ、正月三日間を〝三が日〟と呼ぶようになりました。言葉も時代とともに変化していくのが、こんなところにも表れています。

正月水引

水引について、少々記しておきます。お正月は金銀や赤白の水引は用いず、しめ縄などもすべて〃金赤〃という水引を使用するのが正式です。この金赤という水引は、陽と陽の色（「水引」の項〈13頁〉参照）で、京都では、金を向かって右に、赤を向かって左にくるように結びます。

最近、この金赤の水引はなかなか手に入りにくくなりましたが、お正月の雰囲気にふさわしい水引と言えましょう。床の間などに飾る若松は「男女和合」を表現したもので、これは金銀の水引で結ぶのが正式です。

お年玉とお年賀

お年玉とは本来、歳神様から頂戴する丸いお餅のことで、現代においても〃年玉〃として元日に分け与えられる地方もあります。

お年玉は、目上のものから目下のものへ贈るもので、年始の挨拶や手みやげには〝御年賀〟と書き、この場合、のし付きの赤白の水引を使用します。ただしお寺様にはのしなしのものを使用してください。

大福茶

大福茶

大福茶とは、三～五㎝角程度の小さな昆布と小さな梅干を入れ、それに煎茶を注いだもので、お正月には欠かすことのできない縁起のよいお茶のことです。結納時などに使用する昆布茶ではありません。

これは、もともと皇族の方やお公家さんの飲みもので、現代では〝大福茶〟と書きますが、むかしは〝王服茶〟と書き記されていました。

お屠蘇《とそ》とは違い、子供でもおいしく飲めるもので、まったりとした白味噌の京都のお雑煮によく合うところから、一般に広まったと考えられます。

お正月の行事・作法を書き出せば枚挙にいとまがありませんが、そのさまざまな作法をつくり出してきた京都人の気質や感性が見えてくると思いますし、このことを知り得ることが、京都の儀式作法を理解していただくための近道のひとつだと思います。

七草

七草

一月七日に若菜を食することは、すでに平安時代から盛んに行われてきました。

百人一首の中に「きみがため　春の野にいでて若菜摘む我がころもでに　雪はふりつつ」という歌がありますが、この〃若菜摘む〃というのが七草のことだと理解していただければいいのです。

現代の七草は、地方によって若干の違いがありますが、京都では一般に〝せり〟〝なずな〟〝ごぎょう〟〝はこべら〟〝ほとけのざ〟〝すずな〟〝すずしろ〟の七種で、野山に摘みに行くのはたいへんですが、最近は八百屋さんなどで手軽に購入することが出来ますし、この一年の無病息災と長寿を祈り願う行事として伝承されています。

そして、これらの菜を細かくする時には、決して「切る」とは言わず、〝はやす〟といって、一種のまじないとも言える「唐土の鳥が日本の国へ渡らぬ先に七草なずな」などと唄いながら、まな板をトントンと叩いて七草をつくります。

この七草の日を少しむずかしい言葉で表現しますと〝人日《じんじつ》の節供〟といい、江戸時代に定められた五節供（一月七日・三月三日・五月五日・七月七日・九月九日）のひとつで、季節の節目に神様にお供え物をして災いを防ぐ儀式でもあります。

上賀茂神社では、この日に〝青(白)馬奉覧神事〟というものがあり、一月七日に青(白)馬を見ると年中の邪気を払い、新たな力を頂戴するという古代中国の風習に倣《なら》った儀式事が現在も行われています。青馬とは、青白い馬と理解してください。

下鴨神社においてもそのむかし同様の神事が行われていましたが、現在では葵祭の御蔭祭にその儀式が受け継がれています。

七福神巡り

七福神巡り

七福神巡りは全国各地にあるもので、特に京都に限ったものではありません。「〝松の内〟の間にお参りすると特にご利益がある」と言われています。〝松の内〟といえば一月七日までと思われるでしょうが、京都では松の内のことを〝注連《しめ》の内《うち》〟ともいい、一月十五日までのことです。

さて、この七福神ですが、その由来は「七難即滅、七福即生」という、七難を避け、七福を得るという信仰に始まり、これが一般民衆に受け入れられ、現在も大勢のお参りの人々でたいへんな賑わいを見せています。

七福とは、商売繁盛の〝ゑびす神〟、開運招福の〝大黒天〟、勇気戦勝の〝毘沙門天〟、技芸福徳の〝弁財天〟、延命方除けの〝福禄寿〟、不老長寿の〝寿老人〟、子宝度量の〝布袋尊〟の七神です。

巡拝する神社・寺院の組み合わせは何種類もあります。ただし、神社もあれば寺院もありますので、参拝の作法に充分留意してください。

〝福〟という文字を分解しますと、福を得る人の姿が見えてきます。「ネ」は神(佛)を祈り、礼を知り、一心に田を耕し(働き)、良きものは大いに吸収し、悪しきものは口にしない――それが〝福〟という文字のもつ意味なのです。

節分

節分とは、立春の前日(二月三日頃)のことで、本来は立春・立夏・立秋・立冬の前日をすべて節分と呼んでいましたが、現在では立春の前日だけを指すようになりました。
古代中国では、この節分の日に邪気を追い払う行事がありました。それが日本に伝わり、朝廷から一般庶民にも広まったもので、京都では、この夜、聞鼻《かぐばな》という鬼が京の都に出現し、女性や子供をさらっていくと恐れられ、その鬼を追い払うために、柊《ひいらぎ》に鰯《いわし》の頭を刺したまじないものを戸口に掲げ、柊のとげで、また鰯の悪臭で、邪気が家に入らないようにと祈る風習が生まれました。

また「福は内、鬼は外」と声を張り上げて豆をまき、歳の数より一つ多くの豆を食して悪疫退散を願いました。

全国の各神社・寺院ではさまざまな行事が盛大に行われていますが、京都では仮装することで厄除けする〝おばけ〟という楽しい風習があります。今では少なくなりましたが京都に息づいている、節分の夜の風習のひとつでもあります。

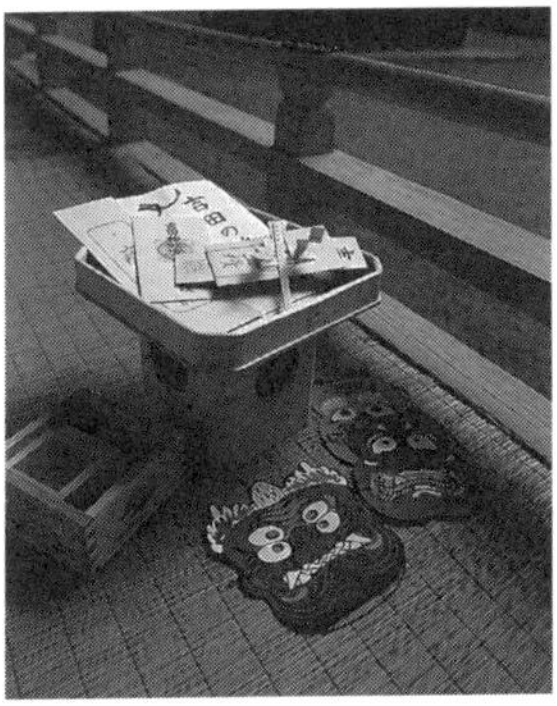
節分

季節の変わり目を「身体に充分に留意する日」と考えるとともに、家族の和を高め得るための行事として位置づけされるのも、決して意味のないことではありません。この時期に厄除祝や長寿祝を贈られるのが正式な作法です。

拝殿

初午大祭

初午《はつうま》とは、和銅四年（七一一）二月はじめの午《うま》の日に、京都・伏見稲荷の祭神、宇迦之御魂大神《うかのみたまのおおかみ》が稲荷の山に白馬に乗って降臨された日で、それが初午神事の由来です。

稲荷の神は文字からも連想出来ますように、五穀豊穣《ごこくほうじょう》を司る神様であり、商売繁盛の神様でもあります。

また、商家などでは神職にご祈祷をお願いし、商売繁盛を祈願するところも多く、出入業者がお酒をお供えすることもあります。

この場合はのし付きで、赤白の水引ののし紙に、「献酒」「奉上」

などと表書きします。

また、神職には、のし付きの赤白の水引のかかった金封に〝初穂料〟と表書きし、お心をお納めください。

雛人形

桃の節供

桃の節供とは本来、三月最初の巳の日のことで、〝上巳《じょうし》の節供〟とも、〝雛の節供〟とも言われ、五節供のひとつでもあります。

もともと、この行事は邪気を追い払うもので、古代中国では、この日に水辺で身体を清めました。それが日本に伝わり、平安時代には和紙で形代《かたしろ》をつくり、その形代で身体を撫《な》で、それにけがれを移して川に流す、といったことが行われていました。これが〃流し雛〃の起源でもあります。また、平安時代から貴族の子女たちが人形をかわいがる〃ひいな遊び〃というものがあり、これらのものが合体して、現代の〃雛まつり〃が出来上がったのです。

雛まつりといえば雛人形が必ず登場しますが、この雛人形を見て、子女たちはお嫁入りの日を夢見たと言われています。花嫁道具は雛人形のお道具そのものでした。それはともかく、男雛・女雛の飾り方が京都は他府県とは異なり、向かって右に男雛、向かって左に女雛を飾ります。これは御所紫宸殿を模してつくられたもので、その紫宸殿から見た左、右であるためです。同じように左近の桜は向かって右に、右近の橘は向かって左に置きます。

桃の節供が三月三日に固定されたのは江戸時代からで、それとともに雛人形も毎年お飾り出来る豪華なものが製作されるようになったのです。

花見

古代、日本で〝花〟といえば〝梅〟であり、奈良時代、桜は農作物の吉凶を占うための花で、早く散れば凶作となり、人々は散りゆく花を惜しんだと言われています。その桜が花見の主役になったのは平安時代で、公家の間で大いに流行し、時代とともに、やがて武家の間にも浸透していきました。花見が庶民の暮らしの中に入ってきたのは江戸時代になってからで、人々の春を迎えた喜びが、花見を盛んにした要因のひとつです。

しかし本来の花見は、花の精の力で新たな活力を頂戴するために花を愛《め》でる作法でした。また、散りゆく花が悪疫を蔓延させると恐れられ、悪疫退散が行われるようになりました。そんなところから京都三大奇祭のひとつ〝やすらい祭〟が生まれたのです。

やすらい祭

お祭りによく登場する花傘も、その悪疫を防ぐものと理解すればその意味が見えてくると思います。

この花見の時期、ともすれば作法違反の人々を見受けますが、人様に迷惑がかからないように、くれぐれも節度ある宴を心得てください。

お千度

お千度とは京都近郊独特の行事で、町内単位で氏神様（現代では居住地の産土神《うぶすながみ》）にお詣りし、一年間のご加護をお願いするもので、歳の数だけの〝千度札〟という竹べらを持って神殿を廻り、一周するごとに、その千度札を一本お納めします。

全員が廻り終わったところで拝礼し、そのあと直会《なおらい》（神人共食）と称して全員で飲食し、楽しいひと時を過ごします。

お千度は町内会によって、春ではなく秋にされるところもありますが、いずれも作法はまったく同じもので、この折に町内行事の引き継ぎをされることもあります。

神前では二礼二拍一礼が正式な拝礼の作法で、真心をこめて町内の安全と個々の無病息災を願い祈るとともに、町内の人々の和を高めるために行われるのが、お千度という行事の意義なのです。

神社へのお心は、のし付きの赤白の水引の金封を使用し、〃初穂料〃〃幣帛料〃〃奉上〃などと表書きして、納めます。

端午の節供

本来、端午《たんご》とは月のはじめの午《うま》の日のことで、古来中国では、北斗七星が北を指し示す十一月を〃子《ね》の月〃と定めたところから、五月は〃午の月〃といい、〃邪気を祓う月〃とも考えられてきました。その風習が日本に入ってきてからは、農耕儀礼として行われるようになりました。それはこの時期、旧暦では田植えをはじめる大切な時であることから、神様の力を得て、秋の実りある収穫を祈ったのです。

端午の節供には、神様との取り次ぎ役である早乙女（田植えをする女性）たちをけがれから遠ざけるために、〃女の家〃というところに籠《こ》もっていただき、その家

端午の節供

の周りに魔除けの力があると言われる菖蒲《しょうぶ》の葉を吊し、女性たちを守ったのでした。

　このように、五月五日も本来は女性のための節供だったのですが、いつしか「菖蒲が尚武（武を尊ぶ）に通じる」として男性の武を競うものとなり、男性の節供に変化していきました。

　江戸時代には五節供のひとつに数えられ、現代は国民の祝日、子どもの日で〝子どもの人格を重んじ、子どもの幸福を祝う日〟であるとともに〝母親に感謝する日〟と定められています。

　ただ単に〝休日〟という認識ではなく、親と子がゆっくり話し合う日になれば、たいへん意義深い一日になると思いますし、〝作法伝承の日〟と考えてみてはいかがでしょうか。

葵祭

七月の祇園祭、十月の時代祭とともに〝京都三大祭〟のひとつで、「日本最古のお祭り」と言われ、むかしは、単に「まつり」と言えばこの〝葵祭〟のことであったと文献に記されています。

その起源は古く、欽明天皇の時代（飛鳥時代）までさかのぼり、〝賀茂祭〟というのが正式名です。

その時代、国内は風水害によって飢饉となり、疫病が蔓延していました。それはすべて神の祟りであると考えられ、賀茂の神をお慰めするために馬を走らせるという神事を行ったところ、気候は定まり、稲が実り、人々は救われたのです。そんなところからやがて賀茂の神は「五穀豊穣の神」と崇められ、平安時代からは勅祭（朝廷主催の祭）となり、旧暦四月の酉《とり》の日に、下鴨・上賀茂の両神社に参拝される

葵祭

ようになりました。特に内親王が斎王として参加されることで、一層華やかな祭りとなり、その様子は源氏物語にも登場します。

応仁の乱後、二百年の長きにわたって中断されましたが、元禄時代、徳川家の援助で再興され、この時代から〃葵祭〃と呼ばれるようになったのです。

「我をまつるは葵をかづらにせよ」とのご神託であらゆるところに飾られる葵の葉は、賀茂の神がご降臨される場所であり朝廷と徳川幕府をつなぎ、天を鎮め、地から穀物を収穫するという〃天〃と〃地〃を結び、〃人〃と〃人〃との和合と絆を深めるものです。

葵祭は京の人々を心豊かにするお祭りです。葵の葉が心を表すハート型なのも、何か不思議な思いがします。

現代の葵祭は下鴨（賀茂御祖神社《かもみおや》）と上賀茂（賀茂別雷神社《かもわけいかづち》）の例祭で、毎年五月十五日に行われ、京の都では千年あまり前の、紫式部も目にしたであろう、むかしと変わらぬ王朝絵巻が繰り広げられます。

水無月

〝みなづき〟といえば「和菓子」のことだ、と思いこんでおられる方も大勢いらっしゃると思います。もちろん、それも決して誤りではありませんが、もともとは〝水無月の祓《はらえ》〟〝夏越《なごし》の祓〟といい、旧暦の六月三十日に、この年の前半六か月間のけがれを祓い落とす神事です。〝みな月のなごしの祓いする人は千歳の命延ぶといふなり〟という歌がありますが、この日、京都の神社では大きな茅《ち》の輪《わ》がつくられ、人々はこの茅の輪をくぐり、災厄を取り除く姿が多く見られます。近年、災厄をすい取った茅《ちがや》を引き抜き持ち帰る人を見受けますが、おすすめ出来る作法ではありません。

茅の輪

冬の氷を氷室に貯蔵しておき、この暑い時期に取り出し、その氷を口にすることで、暑い夏を越そうとする、暑気祓いが宮廷行事にありました。この氷を模してつくられたのが、私たちがこの時期、目にする三角形のういろうの上に小豆をのせた〝みなづき〟という餅菓子です。三角形は氷を表現したものと言われていますが、三角形の一辺は神に通ずる意味もあるのです。

　旧暦の六月は、雨の少ない水の無い月であり、雨を必要とする農作業では、雨乞いのために神様に供物を捧げる大切な行事でもありました。

水無月菓子

笹の節供

〝笹の節供〟とは言うまでもなく、七月七日の七夕の節供のことです。

〝七夕〟と書いて「たなばた」と読むのには少々無理がありますが、七月七日の夕べの行事であったため、古く平安時代から「たなばた」と呼び慣わされてきました。

七夕の行事といえば、牽牛星《けんぎゅうぼし》と織女星《おりひめぼし》との物語が最もよく知られていますが、その物語が中国から伝わる以前から、日本には民間信仰ともいうべきものがありました。

それは、神迎えのために水辺に棚（祭壇）を設《しつら》え、その棚に神の衣を織って奉上する儀式で、衣を織る織機を棚機《たなばた》といい、衣を織る乙女を乙棚機《おとたなばた》といったのです。

その乙女が神様を迎え、その翌日、村人たちが川でみそぎを行い、神様に人々のけがれを持ち去っていただくという儀式がありました。

時代とともにその形を変え、さらに裁縫や和歌の上達を願って星に祈る〝乞巧奠《きっこうでん》〟という風習が重なりあって、七夕の行事が定着したのです。

笹竹に願いごとを書いた短冊などを飾り付けるようになったのは江戸時代になってからで、笹竹を海や川に流

七夕祭

すといった風習も生まれました。

京都では七夕といえば、ひと月遅れの八月七日に行われることが多く、その時期の方が天の川もたいへん美しく、よく見えるもので、こんなところにも京都の人々の知恵が見えてきます。

祇園祭

祇園祭といえば、七月十五日の宵々山《よいよいやま》から十七日の山鉾巡行が広く一般に知られていますが、祇園祭の期間は七月一日から一か月間にもおよぶもので、町衆《ちょうしゅう》の力を結集した八坂神社（祇園社）の祭りです。

祇園祭は、今からおよそ千百年前の貞観《じょうがん》十一年（八六九）に疫病が蔓延し、それは牛頭《ごず》天王（素戔嗚命《すさのおのみこと》）の祟りであるとして、当時の日本全国の国の数と同じ六十六本の矛を立て、それを神泉苑におくり、悪疫を封じ込める御霊会を行いました。これが祇園祭の起源なのです。

応仁の乱後、一時中絶していましたが町衆《ちょうしゅう》たちの手で祇園祭が再興され、その時代から現在のような山鉾が登場してきました。

現在の祇園祭は、七月一日の吉符入《きっぷいり》（神事始め）、二日のくじ取り式（山鉾巡行順の決定）、十日の神輿《みこし》洗（神輿を鴨川の水で洗い清める）、十日〜十四日の山鉾建て（各町内で山鉾の組立て）、十三日の稚児社参（稚児が八坂神社に参拝）、十六日の宵山、十七日の山鉾巡行と神幸祭（八坂神社から三基の神輿が御旅所にお出まし）、二十四日の還幸祭（三基の神輿、八坂神社にお帰り）、二十八日の神輿洗（鴨川で洗い清め、収納）、二十九日の奉告祭（神事終了の報告）、三十一日の夏越祭（厄除け祈願）など、さまざまな儀式があり、またこの間、暮らしの中には〝無言詣り〟や〝胡瓜断ち〟といったしきたりがあります。

八坂神社

祇園祭は京都の人々の神佛を尊ぶ心、家紋・定紋に対する思いなど、京の作法の根源がはっきりと見てとれます。

祇園祭は京都三大祭のひとつであるとともに、日本三大祭のひとつでもあるのです。

八朔

八朔《はっさく》とは八月一日のことで、〃朔《ついたち》〃の文字は「欠けた月が戻る」という意で、、「めでたき吉日」と考えられ、日頃お世話になっている方に品物を贈り、力添えをお願いする日です。

また、旧暦の時はこの日に初稲穂（田の実）を御所に献上したことから〃田《た》の実《み》の日〃とも言われ、公家から武家へ、さらに一般民間にも広まり、それが、現代の夏の贈答の風習である、中元ご挨拶に結びついていきました。

この日、京都では祇園の舞妓さんや芸妓さんが、お師匠さんやお茶屋に挨拶にまわる風習が、今でもしっかりと受け継がれています。一般民間では、分家が本家に挨拶に伺う日でもあります。

京都では、この八朔の日からお中元を贈られる方も多く、これがまた、本来の中元のしきたりなのです。

お盆と大文字

八月七日を京都では〝七日盆〟といって、お盆の準備をする日とされていますが、お盆とは宗教的な意味を別として、一般には八月十三日にご先祖様をお家にお迎えし、心をこめて供養し、人々の和を大切にする佛教行事です。そして十六日、送り火を焚いて、ご先祖様を浄土へお送りします。

大文字

大文字の送り火は、まさにこの火のことであり、決して観光イベントの火ではありません。私たちのなつかしいご先祖様をお送りする、浄《きよ》らかな火であり、間違っても「大文字焼き」と呼ばないよう注意してください。

現在の送り火は八月十六日の夜、東山如意ヶ嶽西峰の大文字山の「大文字」から松ヶ崎の「妙」「法」、西賀茂船山の「船形」、大北山の女大文字とも言われる「左大文字」、曼荼羅山の「鳥居形」へ、東から西へ西へと点火され、この五つの送り火が一般に〃五山の送り火〃と呼ばれています。

京都では、送り火に手を合わせ涙する人々もいらっしゃいます。ここに京都の〃作法〃というものの真髄があるのです。

重陽の節供

九という数字は陽数の極めで、その九が重なる九月九日を重陽《ちょうよう》の節供と言います。

古代中国では、この日に山などの高所に登り、邪気を祓い長命をもたらすとされる菊の花を愛《め》でるとともに、菊の葉の露を飲んで七百年の長寿を保ったという〃菊慈童《きくじどう》〃という人物にちなんで、菊の花びらを浮かべた菊酒を飲むといった風習がありました。

それがわが国に伝わり、天武天皇の御世《みよ》から菊酒を飲んだり、夜、菊の花に絹綿をかぶせ、絹綿に菊の香りと露を移し、翌朝、その絹綿で身体を拭《ぬぐ》い、不老長寿と無病息災を祈願する節会が行われてきました。菊がかかわるところから、この重陽の節供を菊の節供とも呼び慣わされています。

江戸時代には五節供のひとつとなり、現代も京都の行事の中にしっかりと息づいています。

十三まいりで知られる嵐山法輪寺では、本堂に菊慈童の像が祀られ法要が営まれます。また上賀茂神社では、菊の着せ綿が神前に供えられ神事が行われます。特に神職の「カーカーカー」「コーコーコー」とユーモラスな鳥の鳴きまねがあり、その後に始まる、男の子同士の〃陽〃と〃陽〃とがぶつかり合う烏相撲《からすずもう》は、重陽の節供にたいへんふさわしい神事で、大勢の人々の人気を集めています。

重陽の節供（法輪寺）

お彼岸

「暑さ寒さも彼岸まで」という有名な言葉がありますが、彼岸とは私たちが今暮らしている「此岸《しがん》」に対しての「彼の岸《かのきし》」すなわち悟りの世界のことで、中日《ちゅうにち》をはさんで前後三日の七日間を、〝お彼岸の期間〟と言います。

この期間中は、特にご先祖様を偲ぶとともに到彼岸のために佛道精進する期間と考えていただければお彼岸の意味を理解していただけると思います。

ここでは、一般的な墓参の作法について、説明します。

墓参に必要なものは、お水、お花（樒《しきみ》）、線香、ろうそく、供物、マッチ、ほうき、ちり取り、たわしなどで、お水はお寺などに頂戴し、桶やひしゃくも借用することもあります。

お墓では、まず雑草を取り除き、お墓周辺の落葉やゴミを残らず掃き集め、所定の場所に捨ててください。お墓の周辺が清められれば、次は石塔に水をかけ、汚れを洗い落とします。墓石が綺麗になれば、水鉢や花筒に水を注ぎ、お花（樒）やろうそく、線香などをお供えします。そしてもう一度、灯が消えないように注意しながら、墓石の頭から水をかけ、手を合わせ合掌します。

墓参の作法と言いましても、宗派によっても若干の違いがあり、「こうしなければいけない」とか、どれが正式だというものではありません。墓参される人の真心で、ご先祖様に対して礼を尽くすことが、最も大切なことです。

「ご先祖様は浄土にいらっしゃるので、墓地は遺骨だけで、墓参など無意味だ」とおっしゃる方がありますが、浄土に対して手を合わせ、お墓に手を合わせ、佛壇に手を合わせることが、心ある正しい作法です。佛壇もお墓も、すべて浄土に通じているもので、すべてに〝土〟という文字があることからも、人は土に帰る、という佛様の心優しい教えがここにあることがわかります。祈り願う信仰という人々の心が内在した〝作法学〟というものが、他の学問と異なるところだと私は考えています。

時代祭

延暦十三年（七九四）十月二十二日、桓武天皇が長岡京から山背《やましろ》の地（京都盆地）に都を移されたのを記念して、その千百年目にあたる明治二十八年（一八九五）に、桓武天皇を祭神とする平安神宮が造営され、その機会に始められたのが時代祭で、京都三大祭のひとつです。昭和十五年（一九四〇）には京の都最後の天皇である孝明天皇も合祀され、桓武、孝明の二柱がご鳳輦《ほうれん》に乗られ、京の町の人々の暮らしをご覧になり、家内安全を祈られる祭りです。

また明治時代から平安時代にさかのぼる〝大風俗歴史絵巻〟ともいえる時代行列が繰り広げられ、その参加人員二千名、行列は二キロにもおよびます。

京都の一千年の歴史と、日本風俗史を知るうえでもたいへん貴重な祭りであり、また京都人の古人に対す

時代祭

る思いを知り得る心はずむ楽しい祭りでもあります。

秋まつり

秋まつりは、大地から得た五穀の収穫を神様に感謝するものです。

この折、お供えするお酒には〃清酒〃または〃献酒〃などと書き、金子《きんす》でお供えの場合は〃清酒料〃〃奉上〃などと表書きすることをおすすめします。水引はいずれも赤白のものを使用し、必ずのし付きのものを選んでください。

ここでは、祭りの提灯《ちょうちん》について、説明します。

祭りの提灯は、一般に尺長《しゃくなが》（直径30cm・長さ65cm）と尺五丸（直径45cm・長さ45cm）と四目《しめ》（直径40cm・長さ85cm）と呼ばれる大きさのものがほとんどで、〃京提灯〃と言われるものは、竹でまず一本ずつ輪を作

提灯

ってから形づけていく本格的なもので〃地張提灯《じばり》〃と言います。その他、〃巻き骨〃といって、上から下まで竹をつないでいくものもあります。中央に〃御神燈〃とか〃献燈〃といった文字を書き入れ、その左右に神紋やトモエ紋を描き、裏には、その家の姓（苗字）に氏子（氏神様を祀る〈家〉）を表した〃氏〃を書き記します。

この祭りの提灯と、正月などに戸口に掲げられる家紋入りの提灯とは、本来異なるものですので、念のために書き添えます。

提灯は、たいへん風情のあるものですが、京都では最近、製造業者の高齢化がすすみ、儀式にかなった確かなものが一部製造出来なくなりつつあるのは誠に残念なことです。

お火焚

お火焚《ひたき》は、もともと宮中の重要行事である〃新嘗祭《にいなめ》（収穫祭）〃が民間に広まったもので、稲穂の収穫を太陽と大地に感謝し、来年の豊作を祈願し行う神事です。

京都では、特に伏見稲荷大社の〝火焚祭〟が有名で、大勢の参拝者が願いごとを書き記した〝護摩木（火焚串）〟を焚きあげ、家内安全、商売繁盛、火難除けを神様にお祈りします。

かつては神社だけではなく、一般家庭や町内会でも行われ、特に火を使用するお商売の方々にとっては、火に感謝する大切な行事でもあるのです。

火焚祭

地方によっては、〝ふいご（火を起こす道具）祭〟とも言われています。

神社へのお供え物には〝奉上〟、神職には〝初穂料〟と書き、いずれも、のし付きの赤白の水引のものか、水引の代わりに麻の緒で結んだ金封を使用します。

事はじめ

十二月十三日、この日を京都では〝事はじめ〟といって、この日からお正月の準備をはじめる、と決められています。

年の暮れの挨拶であるお歳暮も、本来はこの日から贈りはじめるのが京都のしきたりなのです。

京舞の家元、井上八千代師宅には、お弟子さんから贈られた鏡餅が飾られ、舞妓さんや芸妓さんらが次々に、「おめでとうさんどす」と挨拶に訪れます。この光景はテレビや新聞紙上で紹介され、目にすることも多いと思いますが、この折「おめでとうさんどす」と挨拶をするのは、この日からお正月の準備が出来ることがめでたいという意味です。

この日以後、京都の人々の口から「おことうさんどす（事が多くなりました）」と挨拶が交され、「お正月様」という神様をお迎えするために、日に日に気忙しくも心はずむ、京都の人々の暮らしやしきたりを見ることが出来る時期でもあります。

それぞれの家で、お正月までのタイムスケジュール表をつくるのも、事をスムーズに運ぶために役立ちますし、また心あたたまる楽しいものだと思います。そして買物の記録などを、来年のために大切に保存しておくことをおすすめします。これも作法の大切な心得ごとです。

喪中欠礼

喪中欠礼のはがきとは、本来「当方は現在、喪に服しておりますので、年末年始のご挨拶を失礼いたします」とお知らせしているもので、決して「お祝いのご挨拶をしないでください」とお断りするものではありません。

先様が年賀状をお書きにならないうちに喪中はがきを出さなくてはいけないと思うのは、まったくの誤解で、事はじめの前に投函することは、作法上は正しいことではありません。

この時期たいへん質問が多いのは、「私は喪中ですか？」というもので、皆様方

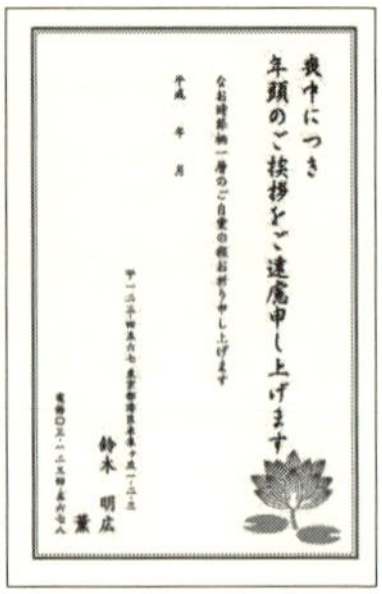

喪中欠礼はがき

の関心の深さを伺い知ることが出来ます。父・母が死去の場合、十三か月間が喪中の期間だと巷間言われていますが、それは明治七年に定められたものです。

喪中の期間というのは喪服を着て身を慎んでいる期間という意味で、祝の席、たとえば披露宴はもちろんのこと、お祝いを贈ったり、お中元・お歳暮の作法も遠慮しなければいけません。そんなことは現代社会ではなかなか難しいことだと思いますし、「身を慎む」という心は別として、作法上は四十九日の忌明《きあ》けで喪中を解かれてはいかがでしょうか。

参考までに、明治七年発令の忌服令における忌服期間の表を書き記しておきます。

死亡した人	忌	服
父　母	50日	13か月
養父母	30日	150日
夫	30日	13か月
妻	20日	90日
嫡　子	20日	90日
養　子	10日	30日
兄弟姉妹	20日	90日
異父母兄弟姉妹	10日	30日
祖父母	30日	150日
曽祖父母	20日	90日
孫	10日	30日
おじ・おば	20日	90日
いとこ	3日	7日
おい・めい	3日	7日

忌服期間（明治七年太政官布告）

大祓

大祓《おおはらえ》は、特に京都だけの行事ではありませんが、六月末日の〝夏越《なごし》の祓《はらえ》（水無月の祓）〟と、十二月末日の〝年越しの祓〟とがあり、人心の罪を祓い、けがれを清めるために行われるものです。

氏神様から頂戴する和紙を切り抜いてつくられた人形（形代《かたしろ》）に息を三度吹きかけ、その人形で身体をなでたりして、罪やけがれを人形に移して、氏神様に納めます。氏神様では、納められた人形をご祈祷ののち、水に流したり、火で焚きあげ、心身の息災を祈願されます。

一年の終わりに災厄を取り除き、来るべき新年を迎えるための行事として、後世に残しておきたい神事のひとつです。

クリスマス

クリスマスといえばキリストの〝降誕祭〟であることはご存じの通りですが、日本における最初のクリスマスが京都で行われたということをご存じの方は案外少ないのではないでしょうか。

それは永禄八年（一五六五）、宣教師ルイス・フロイスがはじめたと言い伝えられています。

それはともかく、クリスマスには日本の五色に似た緑・白・赤の三色がよく登場します。緑は常緑樹の色で、キリストの変わらぬ愛を、白はキリストの清浄さを、赤はキリストの熱き血液を表現したものです。クリスマスの夜、こんな話をされてひと時をすごされてはいかがでしょうか。

「佛教を信仰している者がクリスマスを祝うのはおかしいことだ」とおっしゃる方があり、時々質問を受けることもありますが、自分の信仰する宗教宗派でなくても、そのお誕生をお祝いするという心の豊かさ、大きさが大切だと思いますし、それが佛教徒の誇りであると考えています。

クリスマスは人と人との和、家族のコミュニケーションを深めるもので、楽しい年中行事のひとつと考えていただければ、決して無意味なことではありません。

クリスマス

をけら参り

大晦日と除夜

ひと月の終わりの日を〝晦日《みそか》〟とも〝つごもり〟とも言い、一年のしめくくりの十二月三十一日を〝大晦日〟または〝大つごもり〟と言います。

この日は一年を振り返る日で、各地の神社・仏閣では新しい年を迎える行事が行われます。

古くは祇園社（現・八坂神社）や清水寺、それに愛宕神社などに人々が参籠《さんろう》（こもること）し、歳神様（お正月様）をお迎えするという風習がありました。

こんなところから、この夜は眠らず、夜を明かすものだと考えられ、「眠ると白髪になる」とか「皺が増える」などといった俗信も生まれました。それはともかく、除夜という文字のもつ意味を理解していただけると思います。除夜の鐘とは、夜を取り除く、すなわち眠らず、心静かに一年を振り返るための鐘であると考えていただければ意義深いものになると思います。

百八つの鐘の音にも意味があり、一説によれば、人間の百八つの煩悩《ぼんのう》を取り去るものだと言われております。

〃梵鐘の乳〃と言われる釣鐘表面のいぼのような突起物の数も、百八個から成り立っています。

京の人々は〃をけら参り〃といって、八坂神社に参拝し、〃吉兆縄〃と呼ばれる火縄に神の火（をけら火）を移させていただきます。その火を消さないようにくるくると廻しながら家に持ち帰り、元日の雑煮をたいたり、神棚の灯明の火として使用するといった作法があり、今も盛んに行われています。

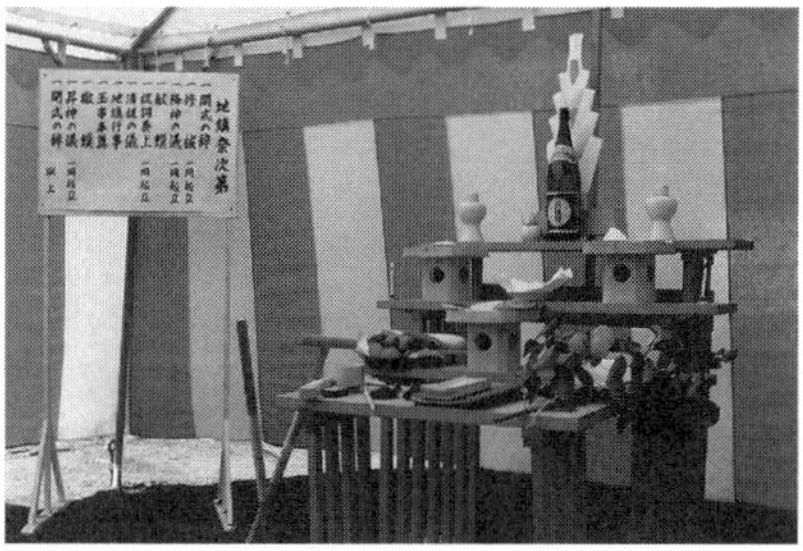
地鎮祭の祭壇

地鎮祭

新しく家やビルを建築する際に、土地を神々から護《ゆず》り受け敷

地鎮祭

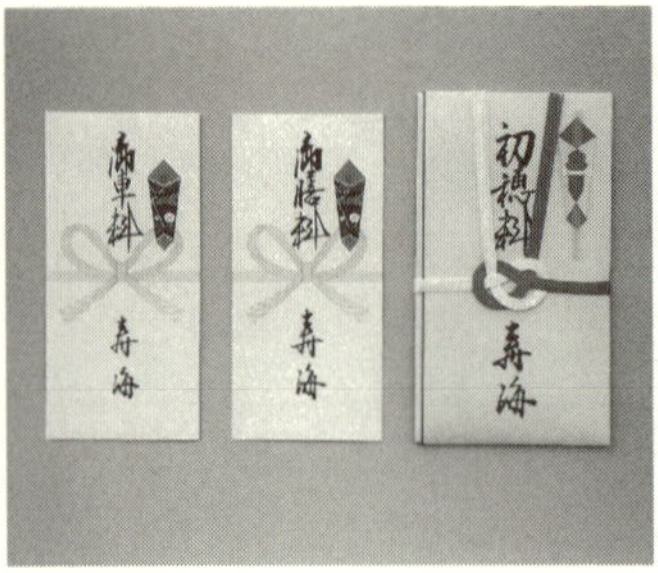

初穂料・御膳料・御車料

地のけがれを清めて神々を鎮《しず》め、建築中の安全と末永いご加護を祈願する神事をとり行います。これを〝地鎮祭《じちんさい》〟と言い、地方によっては〝地祭り〟〝地祝い〟〝地貰い〟などと言うところもあります。

まず、建築する敷地に斎竹《いみだけ》（清めの竹）を立てて注連縄《しめなわ》を張りめぐらし、中央に依《よ》り代《しろ》を立てます。これらは工事関係者が、また儀式に必要な祭壇などは神社の方が用意されます。施主側は、清酒、洗米、塩などを準備するのが一般的です。海の幸、山の幸のお供え物は施主側が準備しても、また神職に依頼してもよいかと思います。方除けのお札やお砂、それに鎮めものの有無をはじめとして、細部については神職や工事関係者と充分打ち合わせてください。

当日は神職を中心に施主及びその家族、工事関係者全員が玉串を奉奠《ほうてん》し、二礼二拍一礼で拝礼のうえ工事の安全を祈念します。儀式終了後、お供え物を下げて全員で食します。この儀式を〝直会《なおらい》〟と言い、神様とともに食する、いわゆる共食することで神様から新たな力を頂戴出来ると言われています。

神職へのお礼は、のし付きの赤白の水引のかかった金封に〝初穂料〟または〝御玉串料〟と書いてお渡しします。お供え物を神社側で準備していただいた場合は〝御供物料〟を別に包みます。また〝御膳料（酒肴料）〟や〝御車料〟を渡すこともあります。金封はすべてのし付きの赤白の水引のものを使用します。

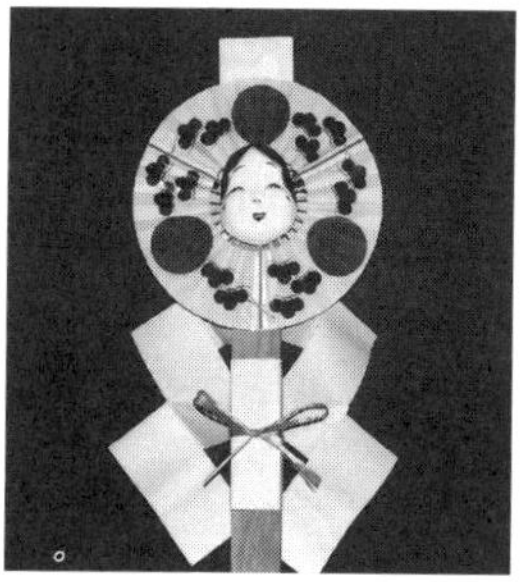
棟上げの幣串

上棟式

上棟式《じょうとうしき》とは、建物の土台を造ったあと、家の柱建てと棟上《むねあ》げを祝う儀式で、俗に〝建て前〟〝棟上げ〟と呼ばれています。本来は災《わざわ》いがおこらないよう、神職にお祓いしていただきますが、最近では、神職の代理として、工事責任者が中心となり儀式をとり行うのが一般的です。この上棟式になくてはならないものに、魔除けの意味をもつ〃幣串《へいぐし》〃というものがあります。京都ではこの幣串に必ずおたやん（おかめ）の福面を取りつけます。通常これは、工事関係者が準備してくださいます。

幣串を奉書紙や杉原紙《すぎはらし》、半紙などで巻く際には、向かって右が必ず上にくるように紙を重ねます。また、紙の重ねを前にもってくるのが正式な作法です。

当日は施主から工事関係者の方々に〃祝儀〃をお包みします。金封は、のし付きで赤白の水引のかかったものを使用し、〃御祝儀〃と書きます。かつては盛大に酒宴を催したものですが、最近では車を運転される方も多く、簡単にすまされるようになりました。どのようにとり行うかは、事前に工事責任者の方と充分打ち合わせになることをおすすめします。

上棟祝を贈る場合は、のし付きの赤白の水引のものに〃上棟 御祝〃または〃棟上げ御祝〃と書いて、渡すのが作法です。

〈第五章〉

礼

美しい立ち居振る舞い

美しい立ち居振る舞い

歩き方・座り方
図で解説 上座・下座
話法の心得

古来わが国には、宮中、堂上家に、公家の礼法がありました。室町時代には、「内向き《うちむ》」といって室内での礼法を伊勢家が、「外向き《そとむ》」といって弓馬の礼法を小笠原家が司っていたのです。現在、礼法・立ち居振る舞いといえば、「小笠原流」と言われるほどその名は有名ですが、しかしながらその原点は、伊勢流礼法であった、と言われています。

それはさておき、この項で説明します立ち居振る舞いは、ひとつの流儀・流派にこだわり、「これが正しく、これが誤りだ」とするものではなく、現代社会において、どうすれば美しく立ち居振る舞えるかを紹介します。なお、以下は特に京都に限った作法ではありません。

美しく立つ

美しく立ち居振る舞うということは、まず美しく立つことからはじまります。背筋をまっすぐ伸ばし、頭の中央から、一本の糸が垂れるかのように考えてください。重心が左右どちらか一方に片寄らないよう、注意します。そして、眼は二メートルから三メートル先を見るのが基本となります。

美しくない姿勢は、①身体が反《そ》っている姿、②胸をへこませた姿、③上体が湾曲している姿、と言われています。

美しく歩く

美しく立つことが出来れば、次は美しく歩くことです。美しい歩き方は、足を平行にまっすぐ運ぶことが大切です。そして、重心が常に身体の中央にくるように心がけます。頭がゆれ動くのは、美しい歩き方とは言えません。足の歩幅は、畳一帖の縦を男性は三歩半、女性は四歩半ぐらいで歩くのが良いとされています。

正座

座った時の美しい姿勢は、背筋を自然にのばし、身体が反り気味になるのを防ぐため、やや前傾し、手は軽くももの上に据え、女性は、ひざをつけます。男性の場合は、ひざの間にこぶしがひとつ入る程度開くのが一般的です。足の裏全体を重ねる方がいらっしゃいますが、腰が傾き上体が曲がりますので、足の親指だけを重ねる方がよいでしょう。〝背を丸める〟〝反り身になる〟〝首を前につき出す〟、いずれもよく見かける悪い姿勢の代表的なものです。

正座

跪座

跪座

上の左の写真のように、爪先立って座ることを、跪座《きざ》の姿勢といい、美しい立ち居振る舞いの基本ともなる大切な姿勢で、低い位置での動作に多く用います。また、立ったり座ったりする時にも、必ずこの跪座になることが大切です。

蛇足ですが、足がしびれた場合はこの跪座の姿勢をとることによって、しびれを治すことが出来ます。一度試してください。

おじぎ

おじぎには、座ってする〃座礼《ざれい》〃と、立ってする〃立礼《りつれい》〃とがありますが、そのいずれも、背筋をまっすぐ伸ばして、上体をそのまま前傾させることが最も大切です。また、おじぎには、相手や状況により、いくつもの異なる仕方がありますが、現代では、会釈、普通礼（ややていねいな礼）、最敬礼（最もていねいな礼）の、この三つを覚えておければ充分です。礼法では、真行草《しんぎょうそう》に分け、最敬礼のことを〃真

草　礼（会釈）

行　礼（普通礼）

真　礼（最敬礼）

礼〃、普通礼のことを〃行礼〃、会釈のことを〃草礼〃と呼んでいます。また、〃礼三息〃という教えがあり、息を吸いながら身体を前に傾け、その動作が止まったところで息を吐き、再び息を吸いながら身体を起こします。

美しくないおじぎの例を記しておきます。①アゴをあげる、②背をまるめる、③頭をおとす（首すじをみせる）、この三点にはくれぐれも注意してください。

訪問と接客

訪問とは、書いて字のごとく「訪れて問う」ことで、玄関とは、玄妙なる関所、すなわち「なんとも言えない奥深い教えに接することが出来る場所」という意味があります。また挨拶とは、「お互いが心と心のふれ合いをするための言葉がけ」という意味で、本来、人様のお宅を訪問する、ということは、たいへん、重みのあることです。衣服の乱れはもちろんのこと、履きものに泥などがついていないか、充分に留意して訪問するのが肝要です。

また、それほど心してお見えになるお客様に対して、いかに心あたたまる応待、おもてなしをするかを考えなければなりません。

ここからは、実際の訪問と接客について説明します。

他家を訪問する時は、よほどの急用でないかぎり予告なしの訪問は避け、必ず先方の都合を尋ねてから訪問するのが礼儀です。そして、ビジネスの約束とは異なり、約束の時間より、ほんの少しばかり(一～二分)遅れて到着するように心得ましょう。このことを京都では、〃髪の毛一本、遅れていく〃と表現します。

車(タクシー)などで訪問する時は、少し手前で降りるのが、先様への心遣いです。また、「呼び鈴(チャイム)のならし方で、その人の性格が分かる」と言われていますが、これは静かに、短めにならすのがマナーです。予告なしの訪問では、チャイムなどを二度ならしても返事がなければ、不在と考えて辞去するのが作法です。

この考えは古来より〃三辞三譲《さんじさんじょう》〃といって、礼法の基本精神と伝えられてきました。

お客様をお迎えする側は、あらかじめお迎えする部屋を整え、温度調節などをしてお待ちします。玄関にうち水をするのも美しいおもてなしの心だと、古くより言われてきました。玄関のチャイムがなれば、出来るだけ早く応答するようにします。

お客様の履きものについては、古来は訪問先の家の者の手によって揃えられ、向きを換えられてきましたが、現代では客側の作法となりました。家のあがり口では、下座側（玄関では普通下駄箱の置いてある側）から上がりますが、この時、下座の足（先様から遠い方の足）から上がるのが美しく、また、先様に背を見せないようにまわり、履きものの向きをかえ、下座側に整えます。

迎える側は、お客様を案内する折には脇を歩きます。それは、お客様が真ん中を歩けるように、という配慮から生まれた作法です。

紅茶・コーヒーカップの置き方

お客様を洋間にお通しする場合、ドアは迎える側が開け、手前に引くドアの場合は、取手を引き、お客様から先に部屋に入っていただきます。また、押すドアの場合は、取手をとって押しながら先に部屋の中に入り、向きをかえ、取手をもちかえてお客様を案内します。

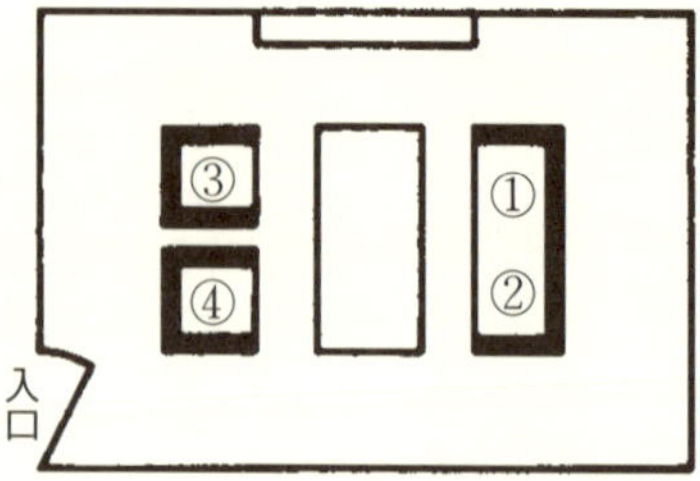

洋間の上座・下座

客は、部屋に入れば、その入り口近くで立ち止り、案内されるまで、ソファなどに座らないのが作法です。洋間の上座、下座は、上図の数字の順となります。一般に入口に近い方が下座と心得てください。

和室の場合は、迎える側があらかじめ座布団を置いておくのが作法です（ただし、結納を受ける折には、例外として座布団をあらかじめ置いておく必要はありません）。

客側は、部屋に通されるとまず座布団を敷く前に挨拶をし、みやげのある時はこの折に渡します。ただし例外として、魚などの生ものや土のついたものは玄関で、「恐れ入りますがお台所の方へ」と言って渡します。

座布団につく時もおりる時も、跪座の姿勢になり、膝行《しっこう》、すなわち膝で歩くようにすれば、美しく立ち居振る舞うことが出来ます。座布団を足で踏んだり、また置いてある座布団を動かすことは不作法ですので注意してください。

座布団には通常下座側から入ります

座布団には、表と裏があります。また、前と後もあります。しめ糸のある方が表で、縫い目のない方が前です。
和室では、次頁の図の数字の若い順から上座、下座となります。

和室の上座・下座

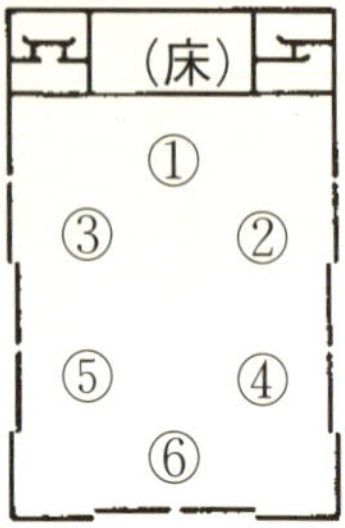

最も正式な構え

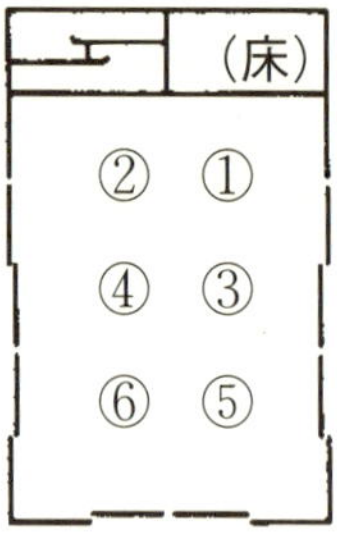

本　勝　手

逆　勝　手

ふすまの開閉

ふすまの開閉については、左の写真で説明します。これが完全に出来れば、美しい立ち居振る舞いは習得出来たと言われています。繰り返し練習して、身体で覚えることが大切です。

基本が習得出来れば、そこから略した形も見えてきますし、立ち居振る舞いにかぎらず、作法はすべてその本質ともいえる基本を、まずしっかりと身につけることです。

閉じ方

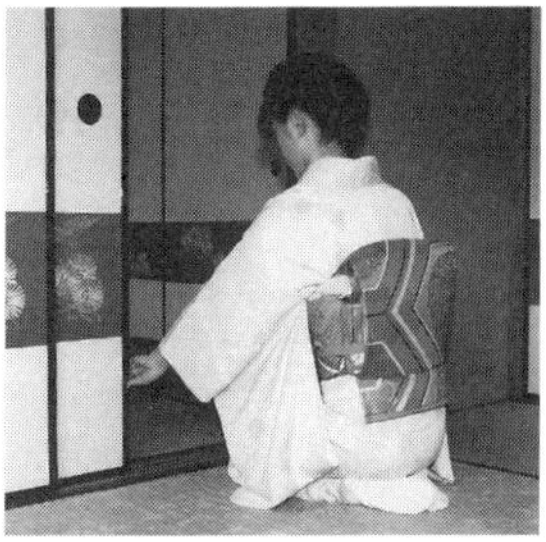

この写真の場合は左手でふすまを引き、体の正面（中央）まで閉めます。

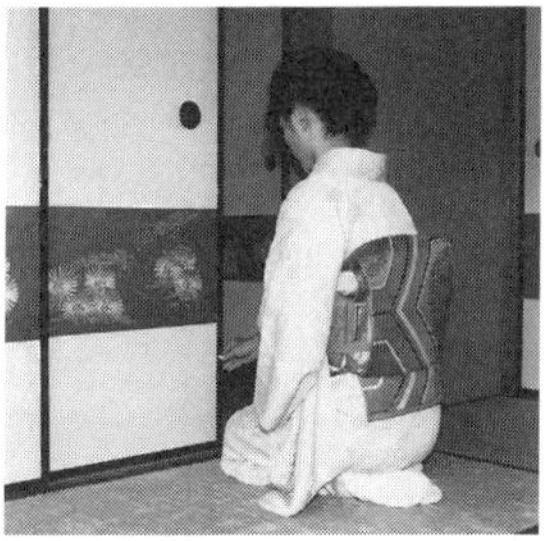

手をかえて引き手が通る幅のところまで閉めます。

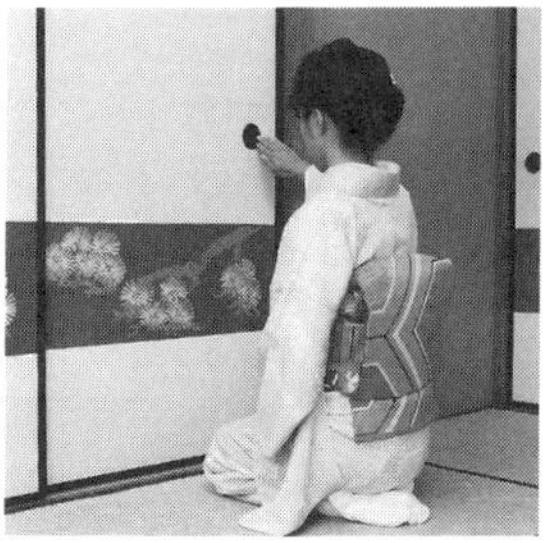

その手をあげて最後まで閉めます。

開け方

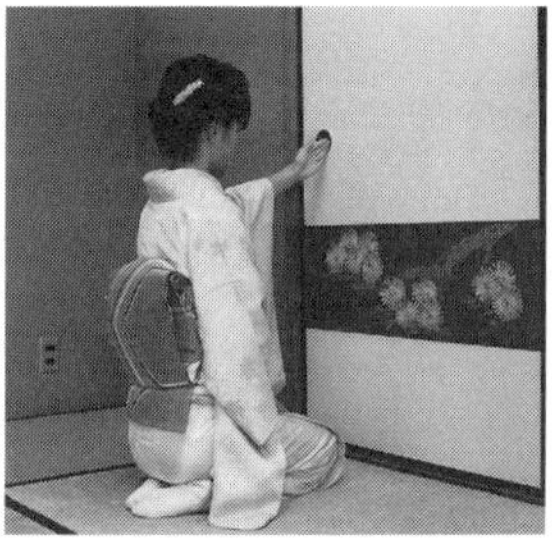

この写真の場合は引手に近い左手（下座の手）をふすまの引手にかけて少し開きます。

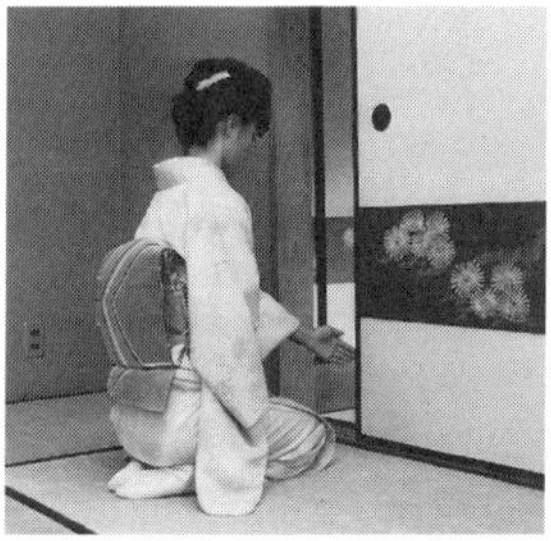

その手を下におろしてそのまま体の正面（中央）まで開けます。

手を右手（上座の手）にもちかえて体が通るくらいまで開けます。

お茶とお菓子の出し方

通常、お菓子から先にお出しするのが一般的で、お茶はお客様の右手前にくるように置きます。ただし、お客様の左手側が下座になるような場合は、お茶から先にお出ししてもよく、そのほうが美しい所作となります。

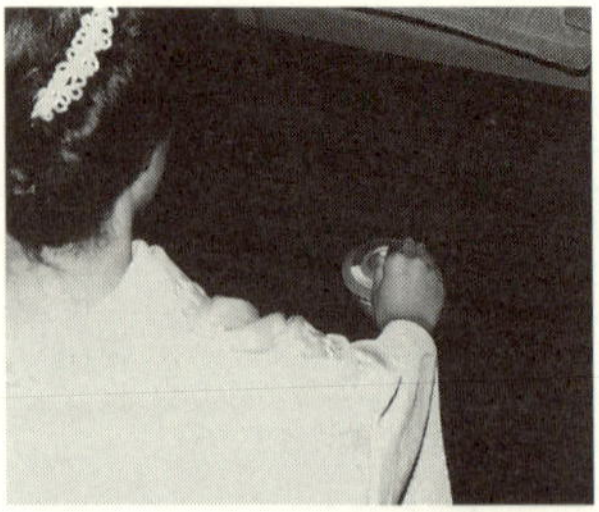

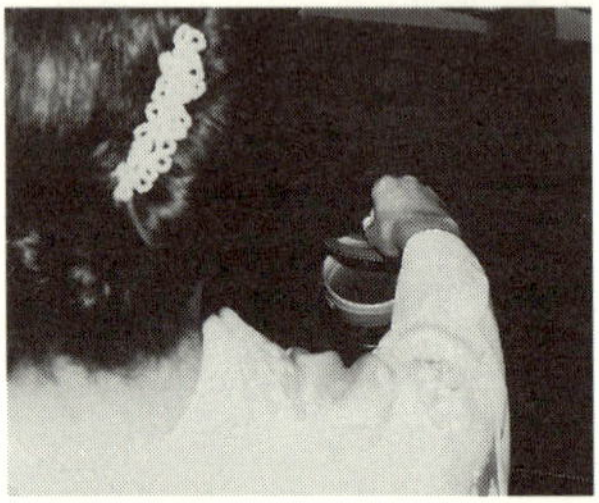

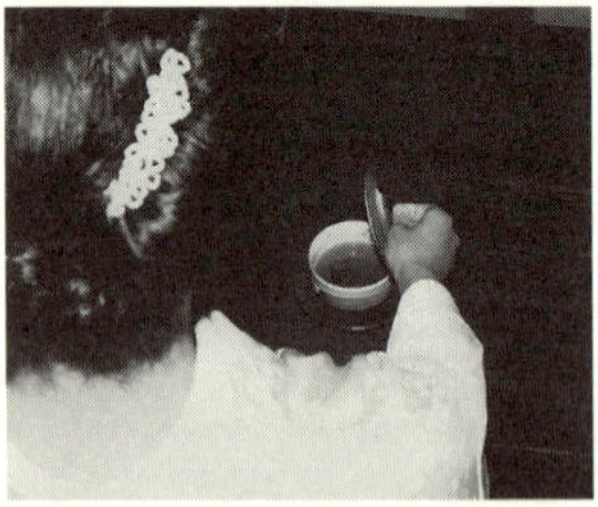

茶碗のふたのとり方

茶碗のふたは右手の親指と人差し指と中指でもち、他の指は伸ばしたままふたにそえます。手前から向こうに開け、さらに茶碗の縁にそって開けていきます。ふたは上を向け、下座わきに置きます。

視線（目線）

眼は心の窓と申します。眼によって、その人の心がわかる、とも言われています。人様と話し合ったり、またお話を承る場合に、相手から眼を逸《そ》らすのは失礼なことです。

普通に向かい合っている場合には、上の写真の外枠の中を見、また注意深くお話を承る場合には内枠の中を見るようにします。この枠を外すと、逸らした眼となりますので留意してください。

視線

辞去

おいとまする時のタイミングも、また大切な心得ごとのひとつです。少し余韻を残しながらおいとまするのが美しく、奥床しい作法です。

おいとまの際に、テーブルの上の茶器などを片づける必要はありません。また座布団なども、ゆがみを直す程度でよく、裏返したりしてはいけません。古来より、「訪問する時は客が気を遣い、おいとまの折には迎える側が気を配るように」と伝えられてきました。これが訪問時の最も大切な作法です。

見送る側は、お客様が戸口を出られてすぐさま、門灯を消したり、家の中から急に大きな音などを出したりしては、せっかくの訪問がたいへん後味の悪いものとなってしまいますので、くれぐれも注意してください。

この項のしめくくりとしてひと言書き添えますと、「立ち居振る舞い」とは決められた表面上の形にこだわることではなく、折《お》れ反《そ》れをわきまえて、どのような振る舞いが人々に不快感を与えるか、またどのようなことが人々に対して失礼になるかを、充分心得ることが大切です。それにもうひとつ、立ち居振る舞いはその人の年齢や性別、また時や場所などによっても、ずいぶんと異なるものです。自分にふさわしい立ち居振る舞いを心がけるのが肝要です。

列車（新幹線など）の上座・下座

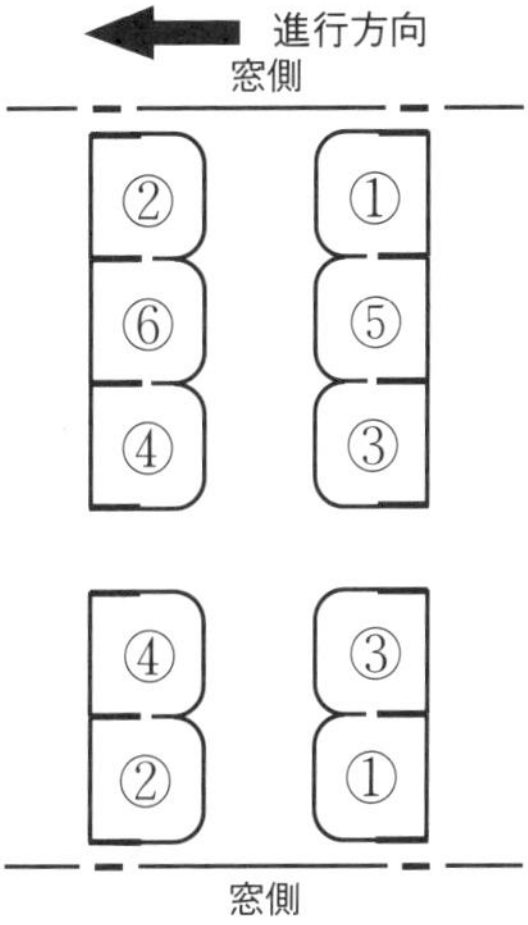

車の上座・下座

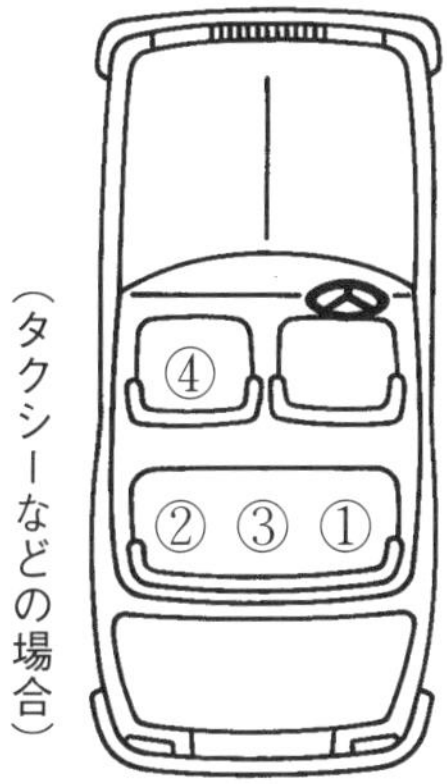

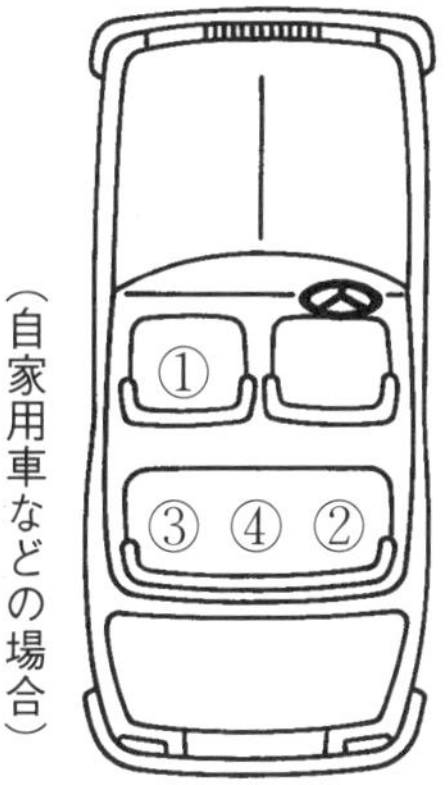

話法

所作《しょさ》（立ち居振る舞い）に作法があるように、話し方にも心得なければいけない作法があります。

作法を心得た美しい話し方とは、相手（先様）に自分の気持ちを充分理解してもらうために、自分の最も美しい声のトーンを知り、リズムとテンポを考えた話し方を身につけていることです。詳しくはまた何かの機会にお話しするとして、ここでは話し方の作法、というものを少々説明します。

話し方の作法とは、専門家のように流暢に話すことではなく、どういったことが相手に無礼・失礼になるかを充分心得ることです。正しい敬語を身につけることは言うまでもありませんが、言葉のキャッチボールとでも言いましょうか、相手の話をしっかり受けとめ、そして自分の話をきちっと相手に投げ返す、それが最も大切なことであり、そこに人々の優しいふれ合いが必ず生まれます。それが作法というものの本義です。

京都は長い歴史の中から、人々とのふれ合い、話のキャッチボールを大切にしてきました。京の町家には、必ずと言っていいほど大きな火鉢があり、その火鉢を囲みながら親と子が話し方の勉強をくりかえしてきたのです。家庭から大きな火鉢がなくなるとともに、話のキャッチボールを苦手とする人が増えたように感じるのは、私だけではないと思います。

美しい立ち居振る舞いを学ぶとともに、今一度、話し方の作法を見直して、より一層人々の〝和〟を高めていきたいものです。

〈第六章〉

葬・法

佛事に関する儀式作法

佛事に関する儀式作法

葬儀と法要
お彼岸とお盆
仏事のあれこれ

京都は暮らしの中に、きちっと佛事作法が活かされ、「うなぎの寝床」と言われる京の町家も、佛事作法が行いやすいように工夫されたものです。すこし極端な言い方をすれば、三六五日（一年中）佛事作法を行い、佛様やご先祖様の存在を感じながら日々暮らしているのが京都だと言っても決して過言ではないと思います。

その佛事に関する儀式をより理解していただくために、佛教、すなわち、佛様の教えの一部を少々説明します。

佛様の教えとは、釈尊（お釈迦様）の教えであり、また私たちのご先祖様の教えでもあります。言い換えれば、佛様の教えとは私たちの父母の教えだと考えることも出来るでしょう。

　その佛様の教えの中で、この世に生命《いのち》あるすべてのものは、死後それぞれ生前の善悪の行いによって、六道《ろくどう》（天上・人間・修羅・畜生・餓鬼・地獄）の迷いの世界に生まれ変わり、そしてまた、死に変わりして、車輪が回転するかのように止まるところなく六道を巡っていると説かれています。本来はインド固有の思想であった、とも言われていますが、このような考え方を、佛教では〝六道輪廻《りんね》〟とか〝輪廻転生《てんしょう》〟と言います。

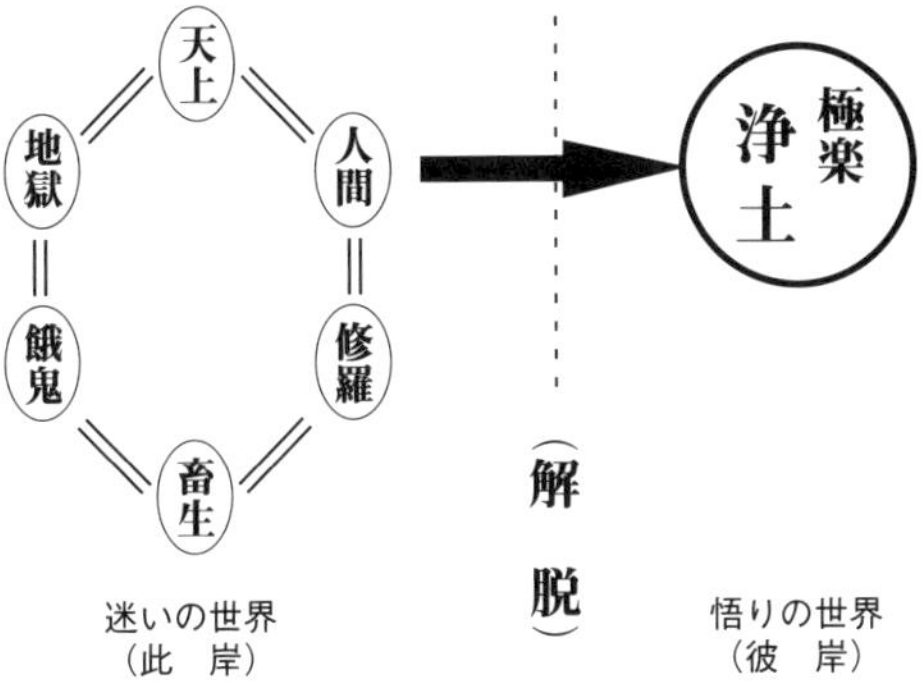

　その迷いの世界から解脱《げだつ》し悟りの世界（浄土）へ行くには、人間界に留まっている時のみ可能であり、そのために、いかにこの現世において、人と人とが和《やわ》らぎ合う〝和合〟が大切であるかを我々に教え、また導いてくださるのが、佛様の教え〝佛教〟というものなの

です。

このことをまず理解し、佛様の教えに接していただきたいと思います。

佛教は、「非合理なものだ」とか、「極楽なんかあるものか」と、よく耳にします。もちろん、私も極楽浄土を観て来たわけではありません。冬の時期にいくら桜の花を見つけたいといって、桜の木のどこをさがしても、花どころかつぼみすら見つけることが出来ないのと同じように、今、人間界にいて、詳しく極楽浄土を説明することは出来ません。しかしながら、古《いにしえ》の賢人が現世に極楽浄土を創っておいてくださいました。それが、宇治の平等院鳳凰堂です。

宇治平等院鳳凰堂

「極楽がほんとうにあるかないかを不思議と思うなら、宇治の平等院に行けばよい」と、むかしそのような童唄《わらべうた》があったと言われています。日々の喧噪から離れて平等院鳳凰堂の前に佇《たたず》むとき、不思議と心安まる思いがするのは私だけではないでしょう。

それはともかく、〝信仰〟というものを簡単に説明します。

佛様の奥深い救いの力をお月様に、人々の信仰を水にたとえますと、人々が水を器にそそげばお月様の光、姿は誰の器の水にも、また京都の水にも東京の水にも大阪の水にも、すうっと入って来られます。それが佛様の不思議な力であり、信仰という水を捨てれば、その姿は消えてしまわれます。佛様の教えを得るためには私たち一人ひとりが、まず信仰という水を器に張らなくてはなりません。

私たちの眼には佛様の姿は見えませんが、池に住む鯉に私たち人間の姿や営みが見えないのと同じように、人間界にいる私たちには悟りを開かれた佛様の姿や営みなど、見えるはずもありません。

いかがでしょうか、佛教というものを、少しでも理解していただけたでしょうか……。

ここからは、佛事に関する儀式作法を、順を追って説明します。

葬儀、その前後の儀式作法

葬儀には、佛式、神式、キリスト教式などがあり、すべて式次第が異なりますが、ここでは、佛式を中心に説明いたします。

宗旨や土地柄により若干の違いがありますが、危篤《きとく》から忌明けまでの、およその手順を表にまとめてみました。

	遺族	弔問客	世話役
危篤	・親類・友人・知人など、親しい人に至急連絡する ・末期の水をとる	・知らせを受けたら、できるだけ早く駆けつける	
臨終	・僧侶依頼 ・葬儀社に依頼 ・湯潅・死化粧・死装束をつけて遺体を安置 ・喪主を決める ・葬儀の様式、日取りを葬儀社と打ち合わせる ・世話役依頼、打ち合わせ	・何事も控えめにふるまう ・長居をしない	・世話役代表は、遺族・葬儀社と葬儀の日取りなどを打ち合わせる ・家紋の確認

死亡通知	通夜・葬儀・準備	納棺	通夜	葬儀・告別式
・死去を、親類・友人・知人・勤務関係・学校関係・町内会などに連絡する ・死亡通知・会葬礼状を葬儀社に依頼する ・通知もれがないかを確認する	・家の中を整理する ・遺影及び服装を整える ・世話役と、細かな打ち合わせをする ・弔問客のお悔やみを受ける ・母親死去の場合は、子供のヘソの緒を確認	・枕づとめをする ・戒名（法名・法号）拝受 ・葬儀社の指示に従って納棺	・席次決定 ・読経、焼香 ・弔問客に通夜ぶるまいの接待 ・喪主挨拶 ・灯明・線香を絶やさないようにする	・席次決定 ・焼香順決定 ・隣近所への挨拶 ・葬儀出席 ・式終了後、最後の対面
・弔問できない場合は弔電を打つ			・弔問は時間内に伺う ・長居をしない	・葬儀に参列する場合は、定刻より早めに定められた席に着く ・一般会葬者は告別式に参列する ・原則として、御佛前（香奠）は葬儀・告別式に持参する
・電話などで葬儀の日時を知らせる。場合によっては、新聞広告の手配	・各係は、世話役代表の指示に従い、通夜・葬儀の準備 ・葬儀社と相談し、死亡届・火葬許可証の手続きをする ・弔問客への接待の準備 ・車の手配		・弔問客の受付をする ・弔問客名などの記帳をする ・通夜ぶるまいの接待 ・弔辞を依頼する ・僧侶休息所の決定	・弔問客の受付・案内 ・弔問客名・御佛前（香奠）・供物を記帳する

	出棺	火葬・遺骨迎え	精進落とし	その他
遺族	・喪主は会葬者に挨拶 ・火葬許可証を忘れず持参	・納めの式 ・二人一組で骨あげ。分骨の場合は、あらかじめ打ち合わせる ・原則として、喪主が骨壺を持ち帰る ・遺骨が戻ったら読経・焼香	・精進落としの宴を催す ・喪主・遺族は下座に着く ・喪主挨拶	・僧侶へのお礼、挨拶 ・お世話になった方へのお礼 ・あいさつまわり ・世話役から、事務を引き継ぐ ・支払い ・会葬お礼（新聞社依頼） ・初七日・四十九日などの法要を行う ・忌明けの挨拶・香奠返しをする ・納骨
弔問客	・一般会葬者は出棺見送り	・遺骨に焼香	・火葬場へ行った人は、すすめられれば精進落としの席に着く	
世話役	・世話役代表は火葬場まで同行する	・世話役代表は骨あげに立ち会う ・出棺後は家の内外を整え、遺骨迎えの準備 ・戻った遺骨を迎え、焼香 ・香奠開きをする。香奠帳と共に遺族に渡す	・遺族と共に席に着く	・領収書を添え、支払いの精算 ・遺族に事務を引き継ぐ

右の表で理解していただけると思いますが、忌明《きあ》けまでにしなくてはならないことがずいぶんとあります。特に、死は突然に訪れることが多く、ふだんからの心構えが大切となります。

特に、よく問題になります焼香順ですが、結納時に家族書・親族書を京都式で、きちっと作成されたものの控えがあれば、それをご覧になることで、おのずからその順番が見えてくるものです。参考までに父親死去の場合の一例を記しておきます。

（1）喪主（故人の長男）
（2）母親（故人の妻）
（3）喪主の妻
（4）喪主の子供（故人の内孫）
（5）喪主の弟（分家）
（6）喪主の弟嫁
（7）喪主の姉妹夫婦
（8）喪主の伯（叔）父夫婦・伯（叔）母夫婦

（9）喪主の兄弟姉妹の子（故人の外孫）
（10）喪主の妻の両親
（11）喪主の弟嫁の両親
（12）喪主のいとこ
（13）喪主の妻の兄弟姉妹
（14）故人の知人・友人

焼香順は、故人との血のつながりで考えるよりも、そのつながりの家単位で考える方が分かりやすいものです。たとえば、故人の兄弟がすでに亡くなっておられ、その子がその家を代表して焼香する場合、その人は喪主のいとこであっても、他のいとこと同列、というわけにはいきません。また、各家々によって、考えや事情が異なりますので、実際には一族の長老や僧侶、それに葬儀社の責任者らの意見を参考にして決定されることをおすすめします。

葬儀、告別式をとどこおりなくとり行うためには、お寺様との日頃のおつきあい

（「檀那寺とのおつきあい」の項〈291頁〉参照）は言うにおよばず、信頼出来る葬儀社に依頼することが大切です。

信頼出来る葬儀社は、お寺様にそれとなく聞いておくのもひとつの方法ですが、土地の風習・しきたりなどをよく熟知されていることと、親身になって相談にのってもらえ、積極的にアドバイスをしていただけるところがよいでしょう。また京都式の葬儀・告別式が可能かどうかも聞いておく方が、スムーズにことが運べると思われます。

現在、葬儀社では、棺《ひつぎ》の用意や祭壇の飾りつけだけではなく、死亡届から火葬場の手続き、車、写真、死亡通知の手配等、葬儀・告別式に関するすべてのことについてことを運んでいただけますので、充分に打ち合わせをし、相談されることをおすすめします。

葬儀・告別式は、人生終焉の儀式です。どうぞ、心ある厳粛な儀式となりますよう、充分留意してください。

葬儀と告別式

通常、葬儀・告別式を〝お葬式〟とひと口でいい、自宅葬の場合、京都ではほとんどこの両方を同時進行の形で行いますので混同されがちですが、本来、葬儀と告別式は別のものです。葬儀は「故人の成佛を念ずる弔いの儀式」であり、遺族や近親者、また特に故人と親しかった友人や知人で行われるもので、告別式は「故人に最後のお別れを告げる儀式」です。一般の会葬者は、この告別式に参列することになります。

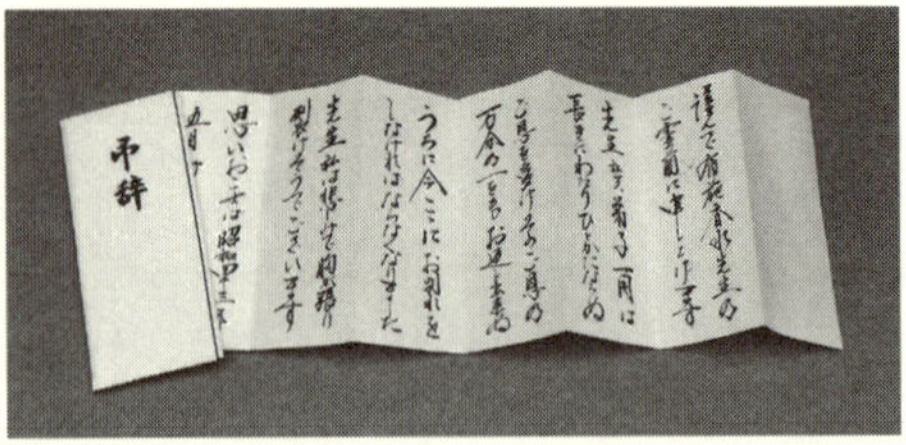

弔辞

一般会葬者の心得

ここでは、一般会葬者の心得について説明します。

通夜・告別式の日時や場所の知らせを受ければ、その折に先様の宗教を必ず確認するよう心得てください。お悔みにお伺いする以上、先様の宗教（宗派）を知り得るのが礼儀です。

むかしは葬儀社に宗教などを聞けば詳しく教えてもらえましたが、最近はまったく教えていただけないことも多いようです。佛式なら珠数を忘れないよう、必ず持参してください。

さて、いわゆる〝お香奠《こうでん》〟ですが、通夜および告別式の両方に参列する場合には、告別式に持参することをおすすめします。

金封の選び方

葬儀・告別式に持参する折の金封については、「お葬式には〝黒白〟、年忌や法事には〝黄白〟の水引がかかった金封を使用する」と記した書籍などもありますが、これは関東地方

（関東ではそのいずれの場合も黒白の水引を、少し前まで使用していました）や大阪地方でのことで、京都（京都市・亀岡市・宇治市・城陽市・宇治田原町など）では、お葬式、年忌、法事にかかわりなく、〃黄白〃の水引のかかった金封を使用するのが正式です。

これは、そのむかし、都のお公家様が儀式用の水引に〃黒〃を用いられなかったためと思われます。それと、もうひとつの理由は、昭和二十年頃まで京都には祝事の最も格の高い時に使用する〃紅白〃という水引がありました。水引の項（16頁参照）でも説明しましたが、この水引は玉虫色に光り、たいへん美しく上品なものですが、一見、黒白と見まちがえるため、そのまちがいをなくすために、京都では一切黒白の水引を使用しなかったのです。

それに黄色は佛様の色であり、信仰の色、浄土の色でもあります。まさに佛事作法にふさわしい色と言えるでしょう。最近、京都でも、お葬式の時に黒白の水引を見かけますが、古来、黒白は〃めでたき色〃と考えられてきました。それゆえに京都にかぎらず、神社のお祭りには再々、黒白の幕が張られることがあります。

お葬式の時に黒白の水引のかかった金封を使用することで、不快な思いをされる方も、まだまだ大勢いらっしゃいますので、くれぐれも留意してください。儀式作法は法律ではありませんので、黒白を使用することは絶対にいけないということではありませんが、作法は先様に対する気配りが最優先するものです。先様が不快に思われないよう、留意が必要でしょう。

最近、たいへん豪華な佛事用の金封が出廻っていますが、佛事ごとにはこれもあまりおすすめ出来ません。また、京都では金封に糸を通しますので、中入れのないものを使用します。

金封の書き方

金封の表書きは、お通夜やお葬式ともに、京都では〝御佛前〟と書くのが正式です。〝御香典〟や〝御香奠〟とは書きません。と言いますのは、〝御香典〟とは「香に代用する」という意味で（古くは、会葬者が香を持参していましたが、現在で

は遺族が準備した香を使用するようになりました）、「香を拝借した代わりに、そのお金をお渡しします」ということで、ある意味では少々非礼な表書きです。また、〃御香奠〃には「香を供える」という意味がありますが、〃奠〃という文字を分解しますと、管理（八）した酒つぼ（酉）を台の上（八）に置いた様子を表したもので、生臭である〃酒〃の字が潜んでいるところから、京都では使用しなかったのです。

ある著名な先生は、「故人がまだ成佛していないのに〃御佛前〃ではおかしい」と説明されていますが、故人に対して甚だ失礼な考え方です。また「御霊前と書きなさい」と説明される先生もいらっしゃいますが、佛教宗派によっては霊をまったく認めないところもありますので、これも正しい表書きではありません。

神式なら〃御神前〃または〃御霊前〃、キリスト教式なら〃お花料〃または〃御霊前〃と書くのが作法です。

そのいずれの場合も、お名前は姓名ともに書かれるのが正しく、金額も必ず記入します。ただし、住所を詳しく書くことは作法上おすすめ出来ません。

香典返しが速やかに出来るように、と考えられる方もいらっしゃると思いますが、先様の手間を省くことが、必ずしも心ある作法、気配りにならないということを、是非ともご承知おきください。どうしても先様に自分の住所を知らせなければいけないような場合には、名刺などを渡されるか、会葬者名簿に、はっきり記しておかれればよいので、念のために書き添えます。

告別式参列時の心得

告別式に参列される一般会葬者は、定刻の少し前までに伺います。お庭が式場、という場合なども、コート、ショール類は脱ぎ、荷物預かり所に預けます。そして、帳場（受付）で、持参した御佛前（御香奠）を受付の人に渡します。その折にひと言、「このたびは、誠に残念でございました」とか「本日は、誠にお世話さまでございます」などの挨拶をするのが、礼儀です。御会葬芳名録（記録帳）に住所・氏名を記帳するのは、受付係の方のお役目ですが、会葬者自身が書く場合もあります。

角香炉

焼香の順番は、一般会葬者の場合、先着順に行うのが最低の常識ですので、自分の順番が来るまで静かにお待ちください。順番がまわってきましたら、次の人に軽く会釈し、焼香台に近づき、遺族と僧侶に一礼し、遺影と位牌を正視します。そして、一礼ののち、焼香し（「焼香」の項〈285頁〉参照）、珠数を両手にかけ（「珠数」の項〈284頁〉参照）、合掌いたします。

これがおよその手順ですが、あまりゆっくりするとスムーズに運びませんので、特に会葬者が多数の折には焼香も一度だけにし、お辞儀も手短かに簡略にします。ただし、いずれの場合にも心をこめて行うのが作法ですし、そんな自覚が大切なのです。

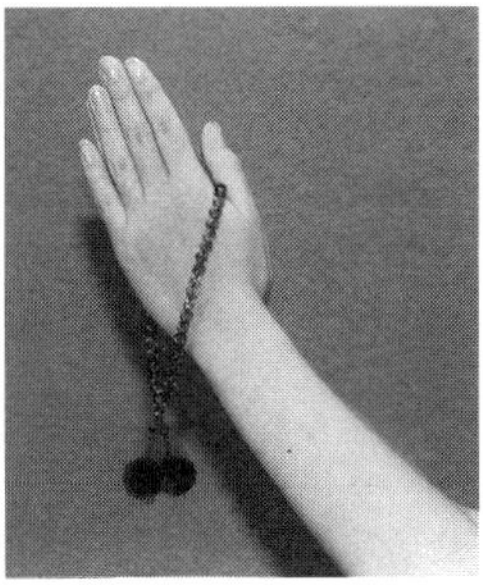
堅実心合掌

告別式の焼香は、香によって身を清め、清めた身体で故人に別れを告げるものです。それぞれの思いをこめ、しかも手短かに別れを告げてください。また、告別式の折には、喪主や遺族に声をかけないのが礼儀です。静かに黙礼するだけで、心は充分に伝わるものです。

告別式に参列されたら、時間の許すかぎり、出棺までお見送りするのが礼儀です。式後すぐに仕事に戻るようなときは、ネクタイやアクセサリーを替え、告別式の帰りだと分からないように留意してください。式服のままでの、他家の訪問や買い物などは、故人に対しても誠に失礼なことで、くれぐれもつつしんでください。

僧侶に対する感謝の心と、その金封の選び方と表書き――

葬儀をはじめとして、佛事作法には、すべて黄白の水引のかかった金封を使用します。表書きは、〝お布施〟と書いて決して間違いではありませんが、お布施は〝施す〟という意味ですので、修行をなさった僧侶に対しては少々無礼な言葉のように思われます。そこで〝御法禮〟と書かれることをおすすめしています。御法禮とは、すなわち「佛法のお教えをいただいた礼（礼儀）」という意味です。この言葉は私どもが創作したものではなく、佛事用語に出てくる言葉であり京都の高僧に教えていただいたものです。

〝お経料〟〝回向《えこう》料〟〝戒名《かいみょう》料〟といった書き方は、お経や回向や戒名には、本来、代価（値段）というものが存在しないものですので、おすすめ出来ません。

この御法禮とともに、〝粗飯料〟と〝御車料〟をお包みします。ただし、送り膳（お寺に直接お膳を持参すること）をされた場合は粗飯料の必要はありませんし、お車で送迎された時には御車料も省略されてもよいでしょう。

お寺様がお二人、お見えになれば、御法禮と粗飯料は必ず二枚ずつ用意してください。

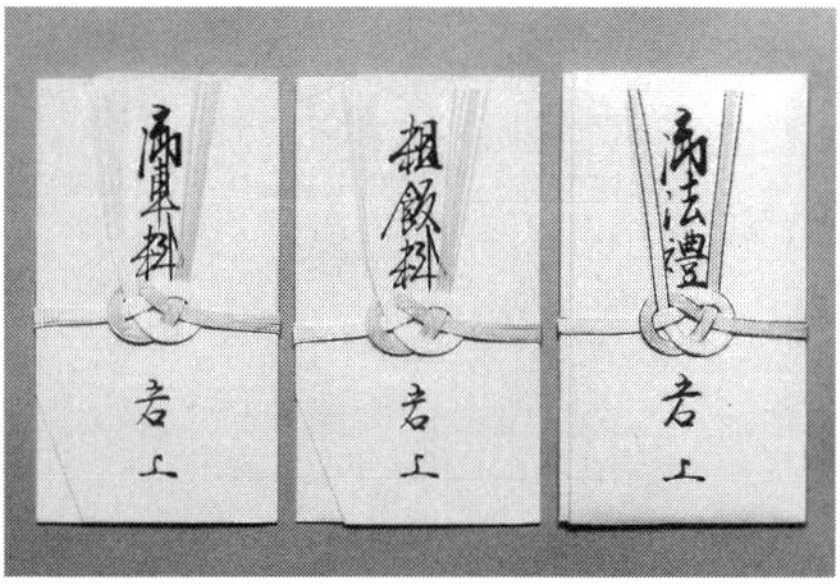

御法禮・粗飯料・御車料

お名前は特別のご事情がないかぎり、姓のみ書き表わすのが正しい作法です。これは喪主一人が御法禮をお包みしているのではなく「〇〇一族が僧侶に対して、その心をお包みしている」という考え方から生まれた作法です。

御法禮をお渡しする時には、直接、畳や床の上には置かず、切手盆という塗盆にのせ、できれば小さな袱紗をかけ、「失礼ではございますが、ほんの気持ちでございますので、どうぞお納めくださいませ」と言葉を添えるのが作法で、可能なかぎり、葬儀終了後、喪主ならびに世話役ともども

お寺にお伺いし、挨拶するのが本義です。
この折には、「このたびは何かとお世話になり、誠に有難うございました。無事、葬儀をすませることが出来ましたことを厚く御礼申し上げます。いたらぬ者ばかりでございますが、今後とも、何卒よろしくお導きくださいますようお願い申し上げます」などと挨拶します。僧侶には、「いずれの場合も赤白の水引のかかったものを使用するのが正しい」とおっしゃる方もありますが、やはり、これは作法上、誤りですので決しておすすめ出来ません。
黄白の水引は何も不幸を表現したものではなく、佛様や、佛様の教えを信じお精進の心でお包みさせていただきました、という表現ですので、くれぐれも誤解のないように心得てください。

布施

参考までに、〝布施《ふせ》〟について少々説明しておきます。

前項で〝御布施〟よりも〝御法禮〟と書くことをおすすめします、と説明しましたが、〝布施〟という言葉が決して悪いという意味ではありません。

布施を梵語では〝ダーナ〟と言い、〝檀那寺〟とか〝檀家〟とかいう言葉も、ここから出た、と言われています。〝ダーナ〟とは「あまねく施す」、という意味で、もう少し簡単に言えば、「布のように広く施す」意味だと理解していただければよく、佛教の理想世界実現のひとつとされています。そしてその布施には、大きく分けて①法施《ほうせ》、②財施《ざいせ》、③無畏施《むいせ》という三つがあり（厳密にはもっとたくさんあります）、〝法施〟とは僧侶が世のため、人のために与えられる

浄水

法要に際しては、毎回お寺様にご足労いただく場合と、奇数日のみにすることもありますので、お寺様に相談されるとよいでしょう。

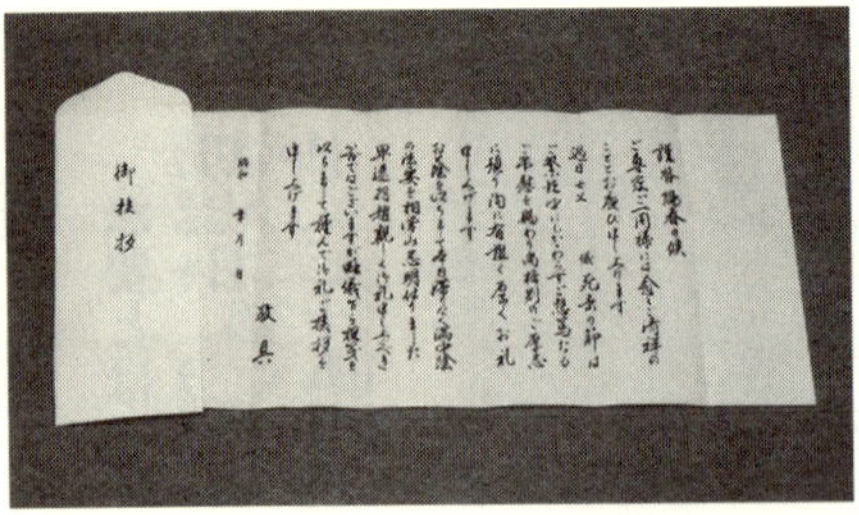

忌明け挨拶状

忌明け

忌明《きあ》けは、通常、四十九日目にしますが、三か月にまたがる時は、三十五日目で忌明け法要を営むこともあります。ただし「三月越しになるから験《げん》が悪い」、といったことは佛様の教えの中にありませんので、くれぐれも誤解のないように心得てください。京都では、この忌明け時に納骨されることが多く、また忌明けの挨拶と香典返しを行います。最近、香典返しを省略される方がいらっしゃいますが、儀式作法上、正しいことではありません。香典返しとは、「皆様方のご厚志で、こうしてお返し出来るまで立ち直ることが出来ました」と感謝の心を表現するものです。

香典返しの表書きは、〝志〟が一般的です。

最近、「告別式の時に、いわゆる御香典（御佛前）を辞退したので、忌明けの挨拶をしなくてよい」とおっしゃる方がありますが、御香典（御佛前）の有無にかかわらず、忌明けの挨拶をするのが作法です。特に著名な方は、忌明けの挨拶を新聞紙上などでお知らせになっても、新しい現代作法として、より丁寧な形になると思います。

法要時の金封の選び方とその表書き

法要の際も、お寺様へは、〝御法禮〟と書いて納めてください。また、お膳を出して供応しない場合は、〝粗飯料〟を包みます。他に〝御車料〟を添える場合もあります。

法要に招かれた場合は、〝御佛前〟または〝御供〟などと書きます。金子の場合は〝御佛前〟、お品物の場合は〝御供〟と書かれることをおすすめします。

金封および掛紙は、いずれの法要の場合も、精進水引の〝黄白〟が正式なものです。

逮　夜

よく〝逮夜《たいや》〟という言葉を耳にされると思いますが、本来は初七日の前夜のことをいい、古くは故人の冥福を祈って一晩中語り明かす風習がありました。しかし現在ではあまり行われていません。

一般に京都では、七日ごとにくる、四十九日までの法要を指して逮夜と呼び、故人が亡った一日前から数えます。たとえば、一日に死亡されたのなら六日が初七日の逮夜ということになります。

年忌法要

年忌法要とは、故人となられた翌年の同月同日（祥月命日）に一周忌（一回忌という言葉はありません）を行い、満二年目の三回忌（一周忌以降は死去した年も入れて数えます）、七回忌、十三回忌、十七回忌、二十三回忌、二十七回忌、三十三回忌、三十七回忌、五十回忌、百回忌などがあります。年忌法要は故人の命日に行うことが一番良いのですが、お寺様の行事と重なるとか、日曜日の方が人が集まりやすい、といったこともありますので、命日に近い日を選んで営んでもまったく問題ありません。ただしその場合は、命日を過ぎてしまわないように留意してください。

過去帳

年忌法要の案内は、手紙でも電話でもいけないことはありませんが、正式には〝お茶の子〟に故人の戒名（法名・法号）を書いた紙を添えて持参し、案内します。〝お茶の子〟とは、ささやかな品物、と理解してください。むかしは、〝お茶の

お茶の子

子〃といえば、おはぎやお菓子が多かったのですが、最近では砂糖などの食料品から、タオルやシーツなどの繊維製品、また鍋類や洗剤なども、お茶の子の品として贈られています。お茶の子の表書きには、〃お茶の子〃と書いても〃志〃と書いても間違いではありません。

一般にいわれる戒名札は、次のように書きます。

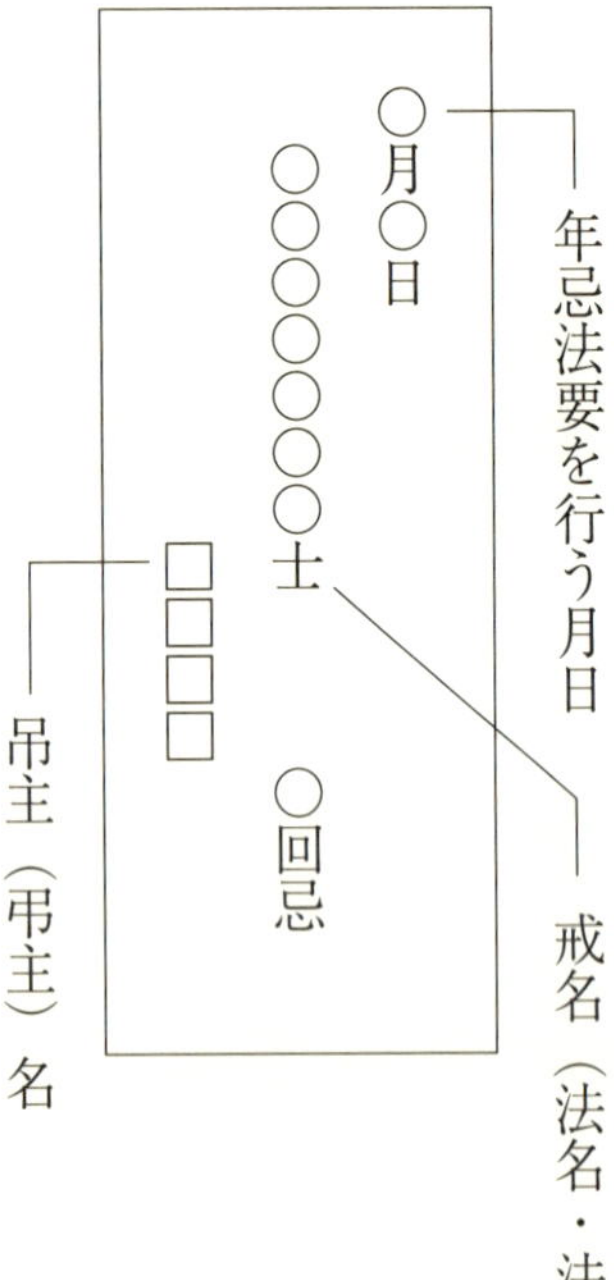

年忌法要時の金封の表書き

年忌法要の際のお寺様への感謝の心も、先述しました初七日などの法要と同様に考えてください。ただし、この年忌法要時に塔婆供養をされる場合は、あらかじめ黄白の水引のかかった金封に〃塔婆料〃と記して、お寺様に納めてください。

この年忌法要時に、親族らが参列者の数だけお供え物を準備し、佛前にお供えします。その折には黄白の掛紙に〃粗供養〃と書きます。〃粗供養〃を受け取った側は、「結構なお供養を頂戴いたしまして」と挨拶します。

ここに、作法の機微《きび》というものがあるのです。葬儀時の御佛前に対して香典返しがあるのもまた同じ意味です。

塔婆

彼岸

彼岸の行事は、インドや中国にはなく、日本独特の行事であると言われています。〝春の彼岸〟は、春分の日を中日として、前後三日間ずつの一週間、〝秋の彼岸〟は、秋分の日を中日として、やはり前後三日間ずつの一週間を、いわゆる〝お彼岸〟といい（「お彼岸」の項〈200頁〉参照）、各寺院では、彼岸会や施餓鬼会《せがきえ》が営まれ、一般家庭では佛道精進の日として、ご先祖様のお墓参りなどをします。

彼岸とは、私たちの住む迷いの世界（此岸《しがん》）に対して、悟りの世界、すなわち浄土を表した言葉で、本来の意味は、彼岸に到るための修行をすることです。そしてその修行には、布施《ふせ》・持戒《じかい》・忍辱《にんにく》・精進《しょうじん》・禅定《ぜんじょう》・智慧《ちえ》の六つがあり、これら、六波羅蜜の実践によって悟りの世界（彼岸）に到達すると説かれています。

この六つの修行の意味を少々説明しておきます。まずは自分の、または親族などの佛壇に手を合わせてから、佛壇に供えられたものをご覧ください。まずは〝お水〟です。お水は、すべてのものを生育させるものであり、他を生かすことで、これを

〃布施行（広く施す）〃と言います。お供えしたお水は〃浄水《じょうすい》〃と呼ばれるものです。粗末になさらないように留意してください。

〃お香〃は、心身を清めるとともに部屋のすみずみまで行きわたるところから、平等に行きわたる佛様の慈悲にたとえられています。これを〃持戒の行（規律を守る）〃と言います。お香は少量でも上質のものを使用されることを、おすすめします。

〃お花〃は、人々の心をなごませる佛様の広い心を表現したものです。花を見ることで怒りを鎮めるものですので、お花は必ず私たちの方を向くように供えます。怒りを鎮める、これを〃忍辱《にんにく》の行（耐え忍ぶ）〃と言います。とげのある花や、花粉が落ちる花などは避け、また造花もおすすめ出来ません。お花屋さんで〃佛花〃として販売されているものを用いてももちろんよく、普段は庭に咲く一輪の花でも差しつかえありません。毎日、花立ての水を取りかえ、決して枯れたまま放置しないように心得てください。

佛花

佛飯膳

燈明

〝線香〟は、真直ぐ立ちのぼる煙のごとく、一心に信仰に励む心を表現したものです。これを〝精進の行（正しく努力する）〟と言います。線香の原料は、白檀《びゃくだん》・沈香《じんこう》・丁字《ちょうじ》などの香木から精製されたもので、お香同様、香りの良いものを選んでください。

〝飯食《おんじき》（佛飯）〟は、炊きたてのご飯と理解していただければよく、「空腹では心を平静に保つことが出来ない」と言われ、「佛飯をお供えすることで心おだやかになる」とされています。これを〝禅定《ぜんじょう》の行（平静心）〟と言います。

〝お燈明〟は、ろうそくの火のことで、人として歩むべき道を照らすものであり、「知恵の灯」とは、まさにこのことです。これを〝智慧の行（真実を知る力）〟と言います。ろうそくは佛壇のためにも煙の少ない和ろうそくをおすすめします。

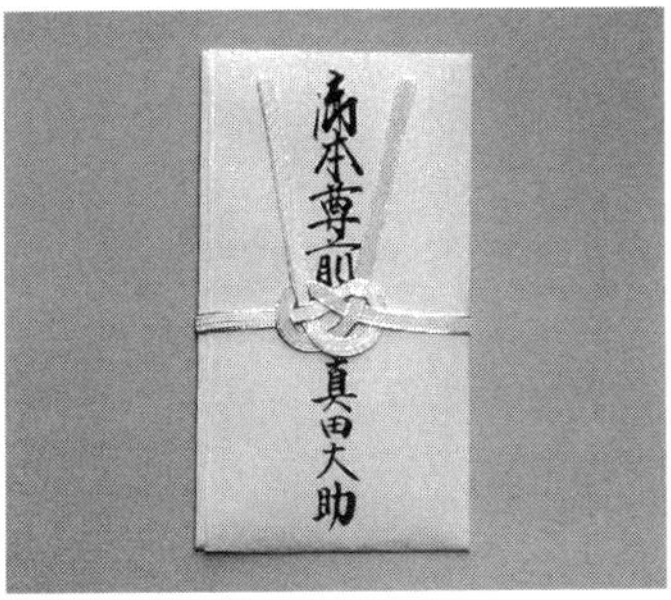

他人のために尽くし（布施）　素直に（持戒）
他人を立てて（忍辱）　一心に（精進）
心おだやかに（禅定）　真実を知る（智慧）
これが彼岸に到るための六波羅蜜の実践なのです。
また、春秋の彼岸には、太陽が真東から昇り真西に沈むことから、十万億土の西方にあると言われる極楽浄土に向かって手を合わせることが古くから行われてきました。このように、お彼岸という佛教行事は、お盆同様、私たちの生活の中に定着しています。
檀那寺の彼岸会などに出席の折には、黄白の水引のかかった金封に〝御本尊前〟と記して、お志をお供えください。

お盆

京都のお盆は、八月の十三日から十六日にかけて行われ、〝盂蘭盆会《うらぼんえ》〟というのが正式な言い方です。インドの古い言葉である「梵語《ぼんご》」では〝ウランバーナ〟といい、逆さに吊されて苦しんでいることを意味しています。その苦しみとは、すなわち地獄の苦しみのことで、地獄で苦しんでいる人々に対して、この世で私たちが供養し、その苦を救うために営む佛教行事がお盆なのです。「盂蘭盆経」という経典の中に有名な物語がありますので、少し説明いたします。

そのむかし、お釈迦様の高弟に、目連というお坊さんがいらっしゃいました。目連さんはたいへん心の優しい人で、亡くなった自分の母親にもう一度会いたくなり、ある日、神通力をもって母をさがしに出かけられました。しかし極楽浄土にも、天上界にも、母の姿をを見つけることが出来ませんでした。

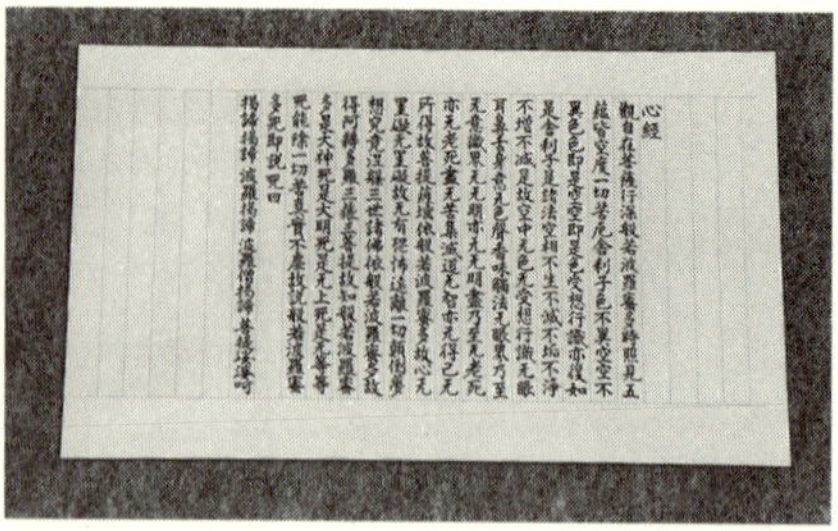

般若心経

そこで目連さんは、恐る恐る餓鬼道を覗くと、そこに痩《や》せ衰え、お腹だけが大きい人々の中に、母の姿がありました。目連さんは、鉢に食物を盛り上げ、母のもとに走られました。しかし母親は、わが子に会えたことを喜ぶよりも、食物に飛びつき、口に、運ぼうとしたのです。するとどうでしょう、その食物は火となって燃え上がったのです。

目連さんは、泣きながらお釈迦様のもとに行かれ、どうすれば母を救えるでしょうか、とお尋ねになりました。お釈迦様は、七月十五日、夏の修行を終えられる多くの僧たちに食物を施し、供養をしなさい、と教えられました。目連さんがお釈迦様の教え通りにされたところ、目連さんの母親は餓鬼道から救われたのです。

これがお盆の由来でもあり、施餓鬼供養のはじまり、とも言われています。また、目連尊者が餓鬼道から母を救ったうれしさの余り、小躍りして喜ばれたのが、盆踊りのはじまり、とも伝えられています。

お盆のしきたりと心得

八月七日を〃七日盆《なぬかぼん》〃といって、お盆の準備を始める日、とされています。

京都では六道珍皇寺付近に佛事関係の露店が立ち並び、お盆の行事に必要なものが販売され、現在も大変な賑わいを見せています。

お盆のしきたりも宗旨により異なりますが、一般的には、佛壇に季節の初物やお菓子、お花、それに精進膳などをお供えします。もちろん、佛壇の前に精霊棚（盆棚）を作られる家庭もあります。

こうして、十三日には迎え火を焚いて、ご先祖様をお迎えし、供養します。

お精霊《しょらい》さんの供え物についての質問をよく承りますので、参考までに、当家に伝わるものを表にしておきます。

しかし、これはあくまでも一例であり、どれが正しくどれが誤りだ、というものでありません。皆様方の家に代々伝わっていることが正しい作法、しきたりだと考えてください。ただし、やはり生臭（魚や肉類）はお供えしないように、心得てください。

十三日	冷水、おちつきだんご　または餅 〈夕〉精進膳
十四日	〈朝〉おはぎに　はじかみ生薑《しょうが》を添える 〈夕〉精進膳 蓮の葉にさつま芋を包んで供える
十五日	〈昼〉冷しそうめん 〈夕〉精進膳
十六日	〈朝〉あらめと揚げ お精霊さんをお送りしてから白い餅をお供えする

※精進膳とは、高野豆腐、椎茸、小芋、湯葉、ずいき、いんげん豆、茄子、奈良漬などで作った、いわゆる精進料理です。

※供え膳以外に、季節の野菜や果物を蓮の葉の上にのせてお供えします。

※ごはんとお茶（お茶湯《ちゃとう》）は、お盆の期間中だけではなく、毎日お供えします。

特に京都にかぎったことではありませんが、胡瓜や茄子にお箸で足をつけてお供えすることがあります。これは馬に見たてた胡瓜で、ご先祖様に速くわが家に帰って来ていただき、牛に見たてた茄子で、ゆっくり浄土に戻ってください、と願う心優しい表現なのです。

このお盆の期間中に、菩提寺(檀那寺)のお坊様が各檀家をまわって、あげてくださるお経のことを〝棚経《たなぎょう》〟と言います。この折には、お経がはじまるまでに、家にいる家族全員が佛前に集まり、お坊様の後ろで、一緒に手を合わせてください。お坊様にろうそくをつけていただくのは失礼なことですので、あらかじめ火を灯しておきます。お経が終わりましたら、お坊様には、黄白の水引のかかった金封に〝御法禮〟と書いたお志を渡します。この折には、姓・名を書き記すのが作法です。

そして、八月の十六日には〝送り火〟を焚いてご先祖様を浄土にお送りします。

お盆のお供え物

かつてはお供えしたものを川に流しましたが、現在では環境汚染の問題もあり川に流すことが出来なくなってしまいました。

初盆

故人の忌明けがすみ、はじめて迎えるお盆のことを「初盆」と言います。この初盆には、佛壇から故人の位牌を取り出し、佛壇の飾りとは別に、小さな机などで棚をつくったうえに白布をかけて、位牌を中心に三具足《みつぐそく》（香炉・花立て・ろうそく立て）を配し、お団子などをお供えします。

三具足

初盆を迎えられた家に、親戚の人や故人と特に親しかった人などが提灯を贈る風習があります。以前は白い無地のものを贈りましたが、最近では毎年のお盆に飾れるように、模様入りのものを贈られることが多くなりました。

特に京都では、棗《なつめ》形をした岐阜提灯を用い、毎年この時期になると濡縁などのある軒下に吊します。京の町家にもふさわしくたいへん風情のあるものです。京のお盆のこんな風物詩が京都の人々の気質、感性を育むように思います。

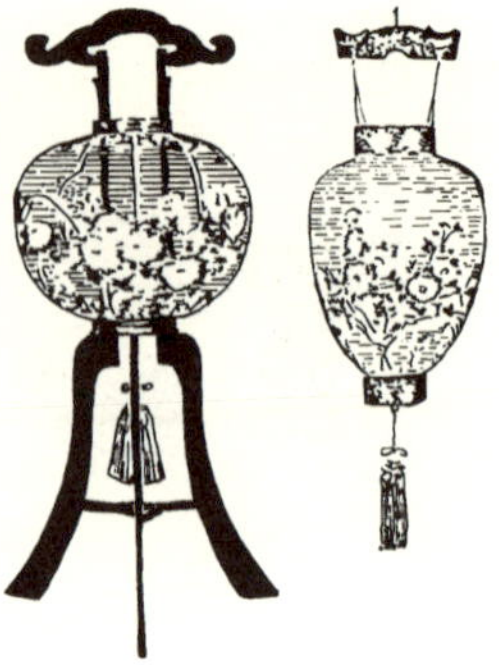

地蔵盆

京都市内を中心とした地域では、毎年八月の二十三日と二十四日に（近年は土・日にされることが多い）、各町内会単位で、子供たちのための佛教行事である〃地蔵盆〃が営まれます。絵具で美しく化粧したお地蔵様にお供え物をし、子供の名前を書き入れた提灯を吊ってお祀りします。ここではその地蔵盆について説明します。

地蔵盆もさまざまな意味で京都人の感性を育むものです。京都の地蔵盆は他府県のものとは異なりますし、また子供のための夏祭りでもありません。実際にどんなことを行っているのか、一例ですが、ある町内のプログラムを記しておきます。
少し前までは、子供たちが何日も前からお芝居や踊りの練習を重ね、その芸を演

地蔵盆プログラム
☆○○町内会☆

第1日目（23日）			
AM			
8:00〜	提灯つり		
10:00〜	おまいり・数珠廻し		
11:00〜12:00	金魚すくい（幼児・小学生）〔入れ物をご持参下さい〕	金魚すくい券	
PM			
1:00〜2:00	おやつ	23日おやつ券	
2:00〜4:00	西瓜割り（幼児・小学生・中学生）	西瓜割り券	
4:00〜5:30	自由あそび〔らくがきコーナーあり〕		
7:00〜8:00	のど自慢：演芸	大人の方歓迎	
8:00〜9:00	盆おどり		
第2日目（24日）			
AM			
9:00〜10:00	おやつ	24日おやつ券	
10:00〜11:00	人形劇		
PM			
1:00〜2:00	福引（幼児）	福引券	
2:00〜3:00	福引（小学生）	〃	
3:00〜4:00	福引（中学生・全家庭）	〃	
4:00〜5:30	自由あそび〔らくがきコーナーあり〕		
7:00〜8:00	映画“シンドバッドの冒険”		
8:00〜9:00	盆おどり		

じ競うこともありました。

地蔵盆のはじまり

むかし、大津の三井寺《みいでら》に、常照《じょうしょう》というお坊様がいらっしゃいました。そのお坊様は、三十歳の時に急病でお亡くなりになり、地獄に堕《お》ちられたのです。地獄で苦しんでおられるお坊様の目の前にお地蔵様がその姿を現わされて、「常照よ、お前は小さい時によく、お地蔵様、お地蔵様と言って親しみ拝んでくれたな。その地蔵が私なのだ。お前は自分だけが正しいと言って譲らず、相手の気持ちになれなかった罪で地獄に堕ちたのだ。私の力でもう一度、人間界に戻してやるので、世のため人のために役立つ人間になりなさい」と諭《さと》されました。こうして、お地蔵様のおかげで、その常照というお坊様は、この世に生きかえることが出来ました。

地蔵盆の飾り

その日が、八月二十四日だったのです。
これが、京都を中心として行われている地蔵盆のはじまりと伝えられています。

地蔵盆用提灯

地蔵盆にはなくてはならないものに、地蔵盆用の提灯があります。この提灯は、〝自灯〟、〝法灯〟といって、一つは子供のために、一つはお地蔵様に掲げます。この二つの提灯が子供とお地蔵様との架け橋となり、願いごとを叶《かな》えてくださると昔より言い伝えられてきました。

一対（二つ）の提灯それぞれに、一人の子供の姓名を書き入れます。

最近、一つの提灯に二人の名前を連名で書き記される方がありますが、作法上は好ましいことではありません。

地蔵盆用提灯白（幕）

地蔵盆用提灯赤

そして、宇治や城陽地方では〝南無地蔵大菩薩〟と記したものを使用し、京都市内では西陣や上賀茂地域などの一部をのぞいて、〝延命地蔵大菩薩〟と記したものを使用します。ただし〝南無地蔵大菩薩〟と記したものは、どのお地蔵様に掲げてもよいものです。色は白（幕）と赤との二種類があり、本来は決まったものではありませんが、男の子は白（幕）、女の子は赤にされる方が多くなってきました。町内会によっては一種類の提灯で統一されているところもあります。

地蔵盆時の金封と表書き

地蔵盆は、お地蔵様の誕生日だと思い違いをして、のし付の赤白の金封を使用される方がいらっしゃいますが、地蔵盆はあくまでも〝お盆〟であり、〝佛教行事〟のひとつですので、お地蔵様へのお供えは黄白の水引のかかった金封（黄白の印刷金封も可）に、〝御供〟と書いていただくのが正式な作法です。黄白は不幸の水引だ、と考える方もいらっしゃると思いますが、そうではなく、この黄白の水引は生臭でない精進水引だと理解してください。特に〃土〃を表現した黄白は、お地蔵様のお供えに最もふさわしい水引です。白無地の金封を使用しても間違いではありませんが、「水引」の項（13頁）で説明しましたように、水引には〃心を結ぶ〃という意味がありますので、無地ではなくやはり水引のかかったものをおすすめします。

お寺様にはもちろん黄白の金封に〃御法禮〃と表書きして、納めてください。

墓建および佛壇購入時の金封とその表書き

親族等が墓建や佛壇購入をされた時に持参する金封は、お祝事としてとり行われる場合（通常は、そのお家にお亡くなりになった方がいらっしゃらない場合や、五十年以上前の遠いご先祖様のために行う場合を指します）は、赤白の水引のかかった金封

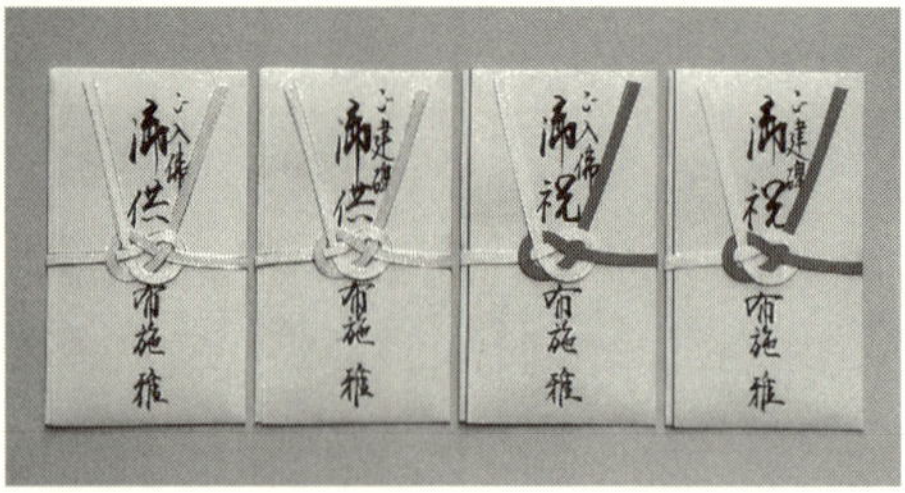

に、墓建時は〝ご建碑 御祝〟、佛壇購入時は〝ご入佛 御祝〟と書いていただいてもいいでしょう。ただし、いくらお祝事と言いましても、佛事にはかわりありませんので、生臭である熨斗は決して添えられないようにしてください。一方、年忌法要時などに墓建や佛壇購入をされた場合には、黄白の精進水引のかかった金封を使用し、表書きはそれぞれ〝ご建碑 御供〟〝ご入佛 御供〟と書きます。また、赤白の水引でのしなしの金封で〝御祝〟を持参するとともに、黄白の金封に〝御佛前〟または〝御供〟と記して佛前にお供えするといった方法もありますが、佛事作法としてとり行うことをおすすめします。

お供えを頂戴した場合は、黄白の掛紙に〝粗供養〟と書いてお返しするのが作法です。

戒名

戒名《かいみょう》は、佛門に入り戒律を守る佛弟子となった人に与えられる名で、本来は生きている時にいただくものです。

授戒をしない浄土真宗では〝法名《ほうみょう》〟、また日蓮宗は〝法号《ほうごう》〟と言いますが、佛教に帰依《きえ》（信仰）する道に入った、という点では主旨は同じことです。

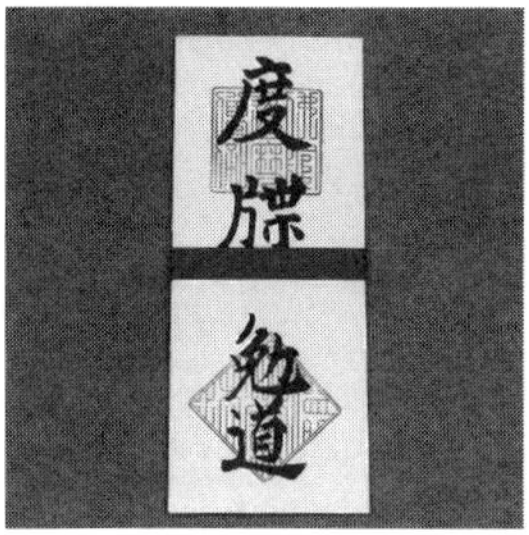

度牒（佛弟子になった証の書）

現在では、死亡の際に戒名をつけていただくのが一般的ですが、佛教徒の方は、その誇りをもって、ぜひとも生きている間に戒名をいただき、佛教生活に励まれてはいかがでしょうか。そして、戒名をつけてくださった僧侶に必ずその読み方を聞いておかれることをおすすめします。最近、「戒名はお金で買うもの」と、影響力のある関西では著名な方がテレビでコメントされ愕然としたことがありました。誠に残念なことです。戒名は断じてお金で買うものではありません。

珠　数

京都では数珠《じゅず》を珠数と書き表します。

その珠数は、花嫁道具のひとつに数えられているほど、私たちの生活に欠かせないものです。〝ズズ〟と発音することもありますし、念佛を何回唱えたかを数えたところから、〝念珠〟と言われることもあります。

通夜、葬儀、告別式、法要、また佛壇や寺院のお参り、そして佛前結婚式など、すべての佛事に用いられ、佛教徒の日常生活の必需品です。

珠数をもって佛様を念じれば、煩悩を消滅し功徳を得る、とも言われています。珠数の形式は、宗旨により若干の違いがありますが、一般的には、どの宗派（日蓮宗をのぞきます）にも共通して使用できる略式の一連ものが多く用い

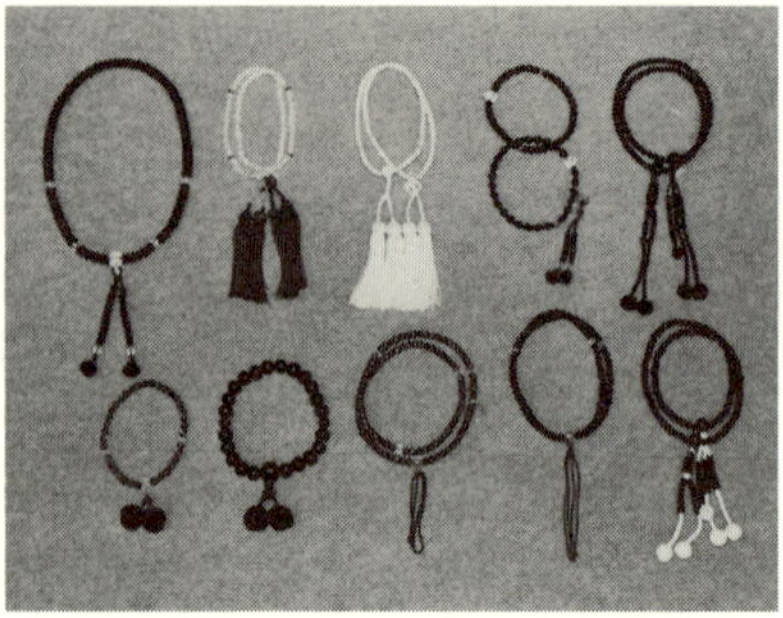
各種珠数

られています。

材質は、水晶とか瑪瑙《めのう》、サンゴなどの宝石類、菩提樹の実や黒檀、白檀、紫檀、鉄刀木《たがやさん》などの香木を用いたものなど、数多くのものが市販されています。

珠数のかけ方は、宗旨により決められているところもありますが、一般的に、手に持っている時は、左手に持つか左手首にかけ、合掌する時は、両の手の親指と人さし指の間にかけるようにします。

焼　香

葬儀や告別式、また年忌法要などに参列する時には、必ず〝焼香〟を行います。

焼香は、その人の身と心を清浄にするために行うのが本来の意味です。また、香がすみずみまで行き渡るところから、すべての人々に差別なく行き渡る、佛様の慈悲を表したものだとも言われています。

焼香の回数や仕方は、各宗派によって異なります。一回でよいとされる宗旨もあ

香炉と香盒

線　香

れば、二回、三回と言われる宗旨もありますので、人様の作法をご覧になって「それは間違っている」などと指摘することは、くれぐれもお慎しみください。自分の宗旨はどうすることが正しいのか、一度檀那寺のご住職に正しい作法を聞かれるか、各宗派のご本山から檀信徒のための指導書が出されていますので、それを参照してください。しかし焼香で最も大切なことは、回数や仕方よりも心をこめて行うことです。

線　香

線香も、焼香と同様に考えていただければよいのですが、これも宗派により立てる本数が異なります。また、宗旨により、立てずに灰の上に置くこともあります。ただ、どの宗旨でも、線香の火を息で吹き消してはいけないとされていますので、留意してください。

法話

法話とは心優しい佛様の教えに関するお話です。その中には、生きることの意味や、人として何が最も大切かを知るための知恵や躾《しつけ》があり、また命の尊さを知り得ることが出来るもので、年忌や彼岸会など佛事作法時には、必ず、この法話を承るのが私たち一般在家のつとめでもあります。

一方、僧侶は佛様の心優しい教えを、人としての道を、誰にも分かりやすくお話しされるのがおつとめです。しかしながら、最近この両者ともに、この意識が少し希薄になっているように感じられるのは、たいへんさみしいことだと思います。

佛事と迷信

佛事作法には〃迷信〃といったものがいつも話題となります。たとえば、「ご先祖様より大きな位牌を作ってはいけない」とか、「閏年に佛壇を買ってはいけない」とか、また「墓地や佛具は、年忌やお盆、お彼岸以外のなんでもない時に購入してはいけない」、「お墓に吉凶がある」とか、さらには「お寺への死去通知の使者は、必ず二人で行かなければいけない。一人で行くと死んだ人が道連れにする」など、列記すればきりがありません。

しかしこれらは、ひとつの躾や教訓として言い出されたことが、いつしか一人歩きしてしまい、「こうしなければ罰《ばち》があたる」などと言われるようになったのです。真心をこめてされる行為や作法に、佛様やご先祖様が罰などあてられることは決してありません。またこれらの事柄は、いずれも佛様の教えにはありませんので、くれぐれも迷信に振り回されないように留意してください。

檀那寺とのおつきあい

本章を一読いただければ、日ごろの檀那寺（菩提寺）とのおつきあいがいかに大切であるか、よく理解していただけると思います。

ここでいうおつきあいとは暮らしの中の人と人とのものではなく、佛様の教えを知り得るためのおつきあいであり、お寺とは私たちに心の安らぎを与えてくださるところなのです。「うちはお寺には縁がない」と、おっしゃる方もあるでしょうが、お寺は私たちの心のよりどころでもあり、私たちのご先祖様の菩提を弔《とむら》っていただくところです。身内に亡くなられた方がいらっしゃらないというのは幸せなことですが、だからといって、「お寺とご縁がない」というのはたいへん不幸なことだと思います。

遠方から京都に越してこられたのであれば、故郷の菩提

梵鐘

宗派名	本山	所在地
真宗系		
浄土真宗本願寺派	本山本願寺（西本願寺）	京都市
真宗大谷派	本山本願寺（東本願寺）	京都市
真宗高田派	本山専修寺	三重県津市
真宗興正派	本山興正寺	京都市
真宗佛光寺派	本山佛光寺	京都市
真宗三門徒派	本山専照寺	福井市
真宗出雲路派	本山毫摂寺	福井県武生市
真宗山元派	本山證誠寺	福井県鯖江市
真宗誠照寺派	本山誠照寺	福井県鯖江市
真宗木辺派	本山錦織寺	滋賀県野洲市
禅宗系		
臨済宗妙心寺派	大本山妙心寺	京都市
臨済宗建長寺派	大本山建長寺	鎌倉市
臨済宗円覚寺派	大本山円覚寺	鎌倉市
臨済宗南禅寺派	大本山南禅寺	京都市
臨済宗方広寺派	大本山方広寺	静岡県引佐郡
臨済宗永源寺派	大本山永源寺	滋賀県東近江市
臨済宗佛通寺派	大本山佛通寺	広島県三原市
臨済宗東福寺派	大本山東福寺	京都市
臨済宗相国寺派	大本山相国寺	京都市
臨済宗建仁寺派	大本山建仁寺	京都市
臨済宗天龍寺派	大本山天龍寺	京都市
臨済宗向嶽寺派	大本山向嶽寺	山梨県塩山市
臨済宗大徳寺派	大本山大徳寺	京都市
臨済宗国泰寺派	大本山国泰寺	富山県高岡市
曹洞宗	大本山永平寺	福井県吉田郡
	大本山總持寺	横浜市
	大本山宗務庁	東京都
黄檗宗	大本山萬福寺	宇治市
日蓮宗		
日蓮宗	総本山身延山久遠寺	山梨県南巨摩郡
	総本山宗務庁	東京都
日蓮正宗	総本山大石寺	静岡県富士宮市
顕本法華宗	総本山妙満寺	京都市
法華宗（本門流）	大本山光長寺	静岡県
	大本山鷲山寺	千葉県
	大本山本興寺	兵庫県
	大本山本能寺	京都市
	大本山宗務院	東京都
法華宗（陣門流）	総本山本成寺	新潟県三条市
	総本山宗務院	東京都
法華宗（真門流）	総本山本隆寺	京都市
本門法華宗	大本山妙蓮寺	京都市
日蓮宗不受不施派	本山妙覚寺	岡山県御津郡
日蓮講門宗	本山本覚寺	岡山県御津郡
日蓮本宗	本山要法寺	京都市

●収録図版のうち七草（177頁）、七福神めぐり（179頁）、節分（181頁）、拝殿（182頁）、端午の節供（188頁）、葵祭（189頁）、茅の輪（191頁）、七夕祭（193頁）、大文字（196頁）、時代祭（200頁）、火焚祭（203頁）、おけら参り（210頁）は横山健蔵氏、やすらい祭（185頁）、水無月菓子（192頁）、重陽の節供（199頁）、は中田昭氏、紅白の水引（表紙カバー）は堀出恒夫氏提供、クリスマス（208頁）は光村推古書院。他はすべて著者が提供。

あとがき

「衣食住　足りて礼節を知る」という有名な言葉がありますが、衣食住は足りているにもかかわらず礼節が荒廃しつつある時代――。私たちは何か大切なものをどこかに置き去りにし、失ってきたのではないでしょうか。

人が誕生すれば、人は笑顔となり、人を祝福し、人が死去すれば、人は涙を流し、人を弔慰する。

そんな人としてあたりまえの心を忘れないために、古の賢人が〝儀式作法〟私たちに残してくださったのです。

作法があたりまえだった頃、人々は今よりも、ずっと心優しかったように思えます。

京の儀式作法は、人と物を大切にする、そんな京都人の気質と感性をベースに編み出された暮らしの中に存在する共有の約束ごとであり、人間関係を円滑にするための暮らしの知恵そのものです。

どんなに時代が移り社会が変化しても、決して失ってはいけないものは人と人との温かいふれ合いであり、たとえ衣食住足りなくても礼節を知ることが慣要だと、私は考えています。

そんなところを本書から読みとっていただければ、私にとりまして望外の喜びです。最後になりましたが、心温まる優しいお言葉を頂戴し、再度本書をご推薦くださいました森谷尅久先生に心から御礼を申し上げます。

また格調高い装丁デザインをしていただきました加藤恒彦さん、それに細かい気配りと適確なアドバイスでフォローくださった河合篤子さん、そしてこの書物の必要性を充分に認識いただき、真心をこめてお力添えくださいました光村推古書院の上田啓一郎社長、そしてご教示いただいた多くの人たちと多くの書物に深く感謝し、厚く御礼申しあげます。

平成十八年八月

岩上　力

〈著者紹介〉
岩上　力（いわがみ　つとむ）

1947年、京都・宇治に生まれる。
劇団「新国劇」に在団中から礼法の研究にいそしむ。1983年儀式作法研究会を創設。爾来、各方面にて儀式作法教室の講師をつとめるとともに、結納コーディネーター、京の作法アドバイザーとしてテレビ・ラジオに出演。結納・儀礼用品の企画・販売も行っている。
他の主な著書に『京のあたりまえ』『京の宝づくし・縁起物』（ともに光村推古書院刊）がある。
現在、京都商工会議所京都検定講習会講師
儀式作法研究会代表
NHK京都文化センター専任講師
京のくらしの作法会講師
現住所
〒611-0011　京都府宇治市五ヶ庄福角45の22

京の儀式作法書　その心としきたり　改訂版

2002年1月24日　初版第1刷発行
2006年9月9日　改訂版1刷発行
著　　者：岩上　力
発 行 者：上田啓一郎
発 行 所：光村推古書院株式会社
〒603-8115　京都市北区北山通堀川東入ル
電 話 075（493）8244　FAX 075（493）6011
http://www.mitsumura-suiko.co.jp

ISBN4-8381-0370-0 C2039

印刷製本：株式会社図書印刷同朋舎